気のきいた会話ができる人だけが知っていること

吉田照幸

SB新書
621

はじめに

会話が得意になれば、人間関係がよくなります。人間関係がよくなれば、仕事や家庭が円滑になります。仕事や家庭が円滑になれば、自分に自信がつきます。自信がつけば会話が楽しくなり、人間関係は広く深くなり、人生は豊かになります。

ただ会話は難しい。

伝えたいことが伝わらない。話がかみ合わない。何を話していいかわからない。沈黙が怖い。いろいろな悩みを多くの人が抱えていると思います。

会話がはずまない理由は何でしょうか？　それは、情報だけ伝えても会話ははずまないことにあります。

SNSなら、例えば「美術館行った。人がいっぱいだったけど、いい展覧会だった」「知らなかった！　私も行ってみよう」で終わるやりとりを、会話にすると10秒です。もし情報だけで1時間会話をもたせようとしたら、たった1時間でも膨大な情報量がいることになります。

人の日常は、そんなに日々新しいことばかりではありません。会話が楽しくなるためには、その10秒を膨らますことが必要です。情報ではなく膨らます？　いったいどういうことなのか？　例えば先ほどのやりとりでも「……いい展覧会だった」の後に「私も行ってみよう」ではなく「どんな展覧会だったの？」と質問しただけで、会話の流れはまったく違ってきます。

得てして会話がうまくなることを、しゃべりがうまくなることと考えがちです。もちろん自分のしゃべりの向上も必要です。ただ、会話は相手がいます。気のきいた会話とは、いかに相手の心を開き楽しませるかに尽きます。

相手のしゃべりがうまければ、「いい展覧会」を例えば、「絵画に秘められた秘密がちゃんと解説してあるいい展覧会だった」と言うでしょう。でもそうではなかった。ならばあなたが質問し、それを引き出してあげる。「気がきく」とは、自分でおもしろいことを言うだけでなく、相手に気を使える会話術を意味するのです。

ただ……なぜ一介のテレビディレクターが会話の本を書いているか、疑問をもたれると思います。至極当然の疑問です。

テレビに出てくる多くの監督像は、現場の絶対的権力者であり、役者やスタッフに厳しい要求をして、作品をつくっていくイメージではないでしょうか？　大きな声を出した一方通行のコミュニケーションです。事実そんな人もいますが、大半は違います。現場には役者もスタッフも個性豊かな人たちが集まっています。この人たちを束ね、1つの方向に向かわせ、自分のビジョンを創造していくには、唯一の武器である言葉を巧みに操らねばなりません。

例えば、悲しい別れの場面。私はモニター前で頭を抱えています。台本のト書きには「涙が流れる」と書いてあります。役者は見せ場だと感情的になり気持ちが盛り上がり、必要以上の涙を流しています。一生懸命取り組んだ結果です。確かにそのシーンだけ見れば素晴らしいのですが、全体の流れで見ればバランスが崩れ、感情の流れがいびつになっている。感情がずっとフルマックスのドラマや映画は、疲れますし飽きます。

緩急を調整するのも私の仕事です。モニター前に座っている私は重い腰を上げて、役者の元に言いづらいことを言いに行かなければなりません。歩いている間に考え続けます。どう伝えるのが一番的確なのか……単純に「もう少し抑えてください」と言うか、あの人は論理的だからシーンの流れやキャラクターの説明で納得してもらうか、「今のはいただきました」。そのうえで涙をこらえているバージョンを試させてほしいとお願いするか、何か手を動かす、例えば玉ねぎを切るシーンにして、涙に別の訳を見つけるか……。

たった1つの芝居を変えるだけでも、これだけの伝え方があります。目標とするところはすべて同じなのにです。私はこうした日々の経験を積み重ね、会話術を身につけてきました。


そんな私も、会話や雑談が上手だったわけではありません。

私もエゴが強く、30代につくった『サラリーマンNEO』では、エンペラーと陰口をたたかれるほど独善的でした。すべてを自分主導でやらねば気に食わず、後輩のいい意見も自分への批判ととる始末。特番時代から8年続いた番組が打ち切られるとき、私ががっくり肩を落とす中、他のスタッフのせいせいした空気は、さらに胸を裂きました。当たり前なのです。私は誰とも意見を共有していませんでした。

失意の中、ドラマ部の同期から「朝ドラ」をやってみないかと誘われました。まったくドラマ制作に興味もなく、40代から始めるにはきついなと思いましたが、流れでやることになったのが『あまちゃん』です。正直あんなにヒットするとは思ってもみませんでした。

ここで私は転機を迎えます。大きく縦割りの組織なので周りの人はほぼ知らない人たち。ドラマ経験豊かな人々の中で急に責任ある立場に立たされた初心者は、後輩にいびられ、俳優に愛想を尽かされる日々でした。

何か変えなければならない。そこで私が変えたのが、コミュニケーションでした。今までの自分発信の会話から、相手に質問する、相手の気持ちを聞くことを優先しました。すると周りの反応が目に見えて変わりました。人は自分に関心をもってくれる人、頼りにしてくれる人には優しいのです。以後、ドラマをつくり続け、映画を撮ることもできました。

10年が経ち大河ドラマのチーフを任されました。脚本・三谷幸喜。主演・小栗旬。最高峰の2人が揃った大河は、並大抵のプレッシャーではありません。しかもそのとき私は、大河ドラマにかかわったこともなければ、時代劇をつくったこともありませんでした。その中で『鎌倉殿の13人』が期待に応えられるものになったのも、すべてはコミュニケーションのおかげです。役者やスタッフの心を動かす会話が、意思を統一し、やる気を鼓舞し、楽しい現場を生むのです。

この本を手に取って読み終えたら、早速実践してみてください。できるところから試してみてください。相手の反応をよく観察してください。きっといつもと違うはずです。

それは楽しい体験です。ゲームのように、いろいろ試してミッションをクリアしていきましょう。いつの間にかあなたは、この本のタイトルのように「気のきいた会話ができる人」になっています。そのうえ、あなたは「(いい意味で)変わったね〜」と周りから言われるようになります。

エンペラー時代を知る人々は、『鎌倉殿の13人』に携わっていたときの私のことが信じられないでしょう。逆に、今一緒に仕事をしているスタッフに「昔はエンペラーだった」と言っても、まったく信じてもらえません。どちらがいいかは自明の理。

ＳＮＳは、たくさんの批評、批判であふれています。他者の言動をあげつらいきいたふうなことを言う人たちは、ずっと自分の世界にこもっている人たちです。好奇心さえあれば、他者に興味をもち相手のことを知りたくなるはずです。

会話は、日々の生活だけでなく、あなたを変え、人生を変えます。自分にはできないなんて言わないで。相手に興味をもって会話を楽しみましょう。心のつながりの喜びを感じましょう。

そうなるために、あなたは、この本と出会ったのです。

目次

第2章 みるみる会話がはずむ雑談の「基本のき」

第3章 話し方をちょっと変えるだけで気のきいた人になれる

第4章 気のきいた会話のルール シチュエーション別・実践編

第5章　人前で話すことが自然とラクになるコツ

第1章

なぜ話すことにストレスを感じてしまうのか？

――楽しく会話をするために必要なこと

話がはずむ人と、ストレスを感じてしまう人は、何が違うのか？

自分も場を盛り上げられる人になれたらなあ、おもしろい話をして、気のきいた会話ができる人になれたらなあって思った瞬間は、誰にでもあるのではないかと思います。

でも、僕は、誰でも話を盛り上げることはできると思うんです。

「そんなにおもしろい経験はしていないから」

「話がうまくないから」

と思って、自分から積極的に話すことを躊躇してしまい、ストレスを感じる人もいるでしょう。

しかし、「盛り上がる話」におもしろい経験は必要ありません。

もちろんお笑いの人のようにおもしろい話をする才能は確かに存在します。しかし日常会話においては、ちょっとした考え方や工夫次第で、ストレスなく誰でも話を盛り上げることができるのです。

多くの人が間違えがちなのですが、「ウケる」というのは、自分が目立ってその場をおもしろくすることではありません。

「ウケる」とは「受ける」です。場の空気を読み、相手を気づかう「おもてなし」こそが、「ウケる」のです。

その場に合った絶妙なコメントで切り返せる人は、「頭がいい」とか「スマートな人だ」と一目置かれることがありますが、それは、気づかいと客観的な視点をもって会話をしているからなんです。

実際、話がうまい人が、本当におもしろい話をしているでしょうか？

バラエティ番組で司会がうまい人を見ていると、必ずしもおもしろい話ばかりをしているわけではないのに、場をうまく盛り上げていませんか。それはなぜでしょうか？

楽しく会話をすることについて、私たちが勘違いしていることも多いように思います。

まずこの章では、多くの人がよかれと思ってやっている、間違った「盛り上げ行動」を例に挙げながら、必要なポイントについてご説明します。

〈間違った常識1〉楽しい会話には「盛り上がる話」が必要

▼楽しい会話に「盛り上がる話」は必要ない

会話が途切れた。相手が黙った。気まずい空気。

何か話さなきゃ！　天気の話をする。

……続かない。おもしろいネタないか……。

あ！　そうだ！

「あのー、僕先日、韓国に旅行に行ったら飛行機に乗り遅れちゃって、すごい走ったんですけど、間に合わなくて困りましたぁ！」

……広がらない、……などと焦る場面、よくあります。

なぜ話が広がらないか？

そもそも飛行機に乗り遅れるってことは、そんなに珍しいことではありません。「困りましたぁ！」ではオチもありません。なのにそれをおもしろそうに話してしまうから、余計に広がらないんです。

冒頭でお話ししましたが、楽しい会話をするのに、「盛り上がる話」は、必ずしも必要ありません。多くの人が間違えるのは、「自分が盛り上がる話をしなきゃ」と思い込んでいるからです。

例えば、テレビのバラエティ番組を思い出してみてください。

話芸がうまい芸人さんは、ほとんど普通のトーンでしゃべっています。そして、アイドルがイタい答えをしたときに一言、「つらいなー」とか、「出口はあちらです」などと、その場の心情を素直に吐露します。それによって見ている人が、「自分が思っていることを言ってくれた！」と共感し、胸のつかえがおりて笑うわけです。おもしろい話は、特殊なボケではないのです。

また、教養系の番組に出てくる学者も、研究室にこもって本や論文ばかり読んでいる人と、フィールドに出て活動している人とでは、おもしろさが全然違います。研究室の先生は幅広い知識を披露しますが、現場の経験談には勝てません。

両方に共通するのは、当人は、「おもしろいこと」を話そうとしているのではない、ということです。「おもしろくしよう」という意図が見えてしまうと、聞いているほうは冷めてしまうんです。

今まで、話が続かなかったり、場が盛り上がらなかったりすると、「おもしろいことを話さなきゃ」と気負っていた人もいると思います。

でも、そんな必要はありません。バラエティ番組でも、思わず出たリアクションがウケたりしますよね。そんなふうに、自然なかたちで「あなた」が出てきたときほど、相手は「おもしろい」と思っているものなんです。

●気負うとそれが相手に伝わる

場を盛り上げなければ、と気負うよりも、むしろ「会話を楽しもう」と思って話を始めてください。気負うと、それが相手に伝わるので、かえって会話はぎくしゃくするものなのです。

話している側がリラックスしていなければ、聞いている人もリラックスできません。緊張した状態だと、楽しいと思えないんです。

例えば、緊張して汗までかいている人と2人でデートすることになって、その人が一生懸命におもしろいことを言っていたって、なんだか必死過ぎて、楽しい気持ちにはなれなくないですか？

でも、余裕をもって静かに話を始める人が相手であれば、聞いている人もリラックスし、気づまりがなくなります。そして、楽しいと感じはじめるんです。

それに話が続かなくて気まずいときは、相手も同じように感じています。だったら、あなただけ気落ちすることはないじゃないですか。

そんなときは、「あー、話が途切れちゃった」って、沈黙を楽しめるくらいの余裕をもって、次の話を始めれば、相手も救われた気持ちになれるんです。

では、どんな話をすればよいか。

実は、会話を盛り上げるのに一番大切なことは、「質問力」です。人にとって「自分に関心をもってくれる人」ほど嬉しい存在はありません。「自分が場を盛り上げるんだ！」なんて思わず、まずは、「相手はどんな人なんだろう」「相手は何を考えているんだろう」と興味をもって話を聞くことから始めましょう。

ポイント

「楽しい会話」より相手への関心が大事

○話がはずむ人＝質問する
×話がはずまない人＝盛り上がることを話そうと頑張る

〈間違った常識2〉テンションを上げて明るく！

▼テンションは無理に上げなくていい

レストランなどの飲食店でお客さんを見ていると、盛り上がったり盛り下がったりする人たちと、ずーっと盛り上がっている人たちがいます。

これ、何が違うのでしょうか？

話がおもしろくないから？

人がおもしろくないから？

いえ、そうではありません。

実は、１人が盛り上がっているか、全員が盛り上がっているかの違いです。

会話でも宴会などの場でも、最初からいきなり盛り上げなきゃ！と頑張る人たちがいます。名づけて「笑えない関西人タイプ」です。僕も何度か目の当たりにしていますが、特に関西でウケていなかったんだろうなあという人が東京に出てきて、変に（関西出身である）自分を追いつめて頑張っていて、痛々しく見えることがあります（こういう人は関西人に限りません。さらに、僕のような山口県人は、相当な田舎だけに舐められまいとして軽いノリを自己演出します。うっとうしい存在です）。

本来の自分ではないのに「ウケる人」を演じようとすると、無理が見えて、笑えません。とはいえ場が場なので、みんなとりあえず笑います。しかしそういった笑いはみんなが疲労します。結果盛り上がりが続かず、沈んでいくのです。

こういう人は、もう入口で間違っています。絶対に自分を偽ったりおもしろく見せようとしたりしないでください。自然体でいることが、何より場が盛り上がる土壌をつくります。

ポイント

頑張って盛り上げない。自然体でいい

○話がはずむ人＝自然体
×話がはずまない人＝最初からはしゃぐ

〈間違った常識3〉「オチ」がないと盛り上がらない

▼盛り上がる話に必ずしも「オチ」はいらない

オチって聞くと、ひねりがないとダメって思っていませんか？

確かにうまいオチというのはあります。

僕は『サラリーマンＮＥＯ』というコント番組の監督をしていました。その中で好評だったお寿司屋さんのコントがあります。

職人肌の寿司屋の大将が、仕事で悩む若いサラリーマンに「お客様は神様だ」と説きます。若いサラリーマンは感動！　そこにギャルとＩＴ社長が登場します。そしてマグロを食べた後にギャルが「世界で2番目にうめえ」と言い放つのです。

これがオチです。ここで「まずい」って言ったら普通です。そこをひねって、褒めてるんだけど、けなしています。

この言葉に対して、大将はどんな行動をとるのか。プライドは傷ついているはずなのに、この前にサラリーマンに「お客様は神様だ」って言っちゃってるもんだから、怒るに怒れない。そこで大将は手をふるわせながら、「……ありがとうございます」と感謝します。ここも笑いが出るタイミングです。

ここには、2つの笑いのポイントがありました。

「世界で2番目にうめえ」は、ひねりがあるオチです。普通は思いつきません。

でも、大将の「……ありがとうございます」は、大将の感情の流れがそのまま表れているので、自然に頭に浮かぶ言葉ですよね。こんなふうに、普通の言葉でも間次第で笑いがとれるのです。

例えば、嫌な上司に飲みに誘われ、行きたくないのに行かなければならないことを同僚に愚痴るとき、

同僚「課長から飲みに誘われたんだって?」

自分「行きたくないんだけどねえ」

って返さない。ここは行きたくない気持ちを間で表現します。

自分「うん……行きたくないんだけど」

このようにオチの内容ではなく、間次第でいくらでもおもしろくなります。

ひねったオチなんて思いつかないからとあきらめないでください。**気のきいたことを言う人というのは、そのフレーズ自体が気がきいているわけじゃなくて、「その場の空気」の読みとりと、「言うタイミング」が適切なのです。**

「あのときはおもしろかったのに、今話すと何もおもしろくない」ということってありませんか？　笑いがとれているっていうのは、その場の空気と、言うタイミングがよかったということがすごく大きいんです。

芸人さんだって、その場の空気をつかむ人がおもしろいんです。

もちろん、普通の人も一緒です。

「気のきいたことを言おう」と気張らなくても、空気さえつかめれば笑いはとれます。

ポイント

オチはなくても、十分に盛り上がる

○話がはずむ人＝間を使う
×話がはずまない人＝気のきいたオチを言おうとする

〈間違った常識4〉　おもしろい話は、明るい話題

▼おもしろい話は「人の不幸」か「隠された真実」

おもしろい話というとハッピーな話を延々とする人が多いです。旅の楽しかった話、食べ物がおいしかった話、仕事で成功した話。話すほうはおもしろいです。

では、その話を聞いている側に回りましょう。延々と人の自慢話を聞いて、おもしろいですか？　旅で苦労した話、食べ物がまずかった話、仕事で失敗した話のほうがおもしろくありませんか？

笑いってなんでしょう。ある有名なコメディアンは、「笑い」は、「人の不幸」か「隠された真実」だと答えました。

確かに「人の不幸」は、不謹慎ですが、笑えます。旅の楽しかった話よりも苦労話のほうが、聞いている人は楽しいのです。

では、「隠された真実」というのは、どういうことでしょう。

これは、みんなが見ているのに気づかなかったことを発見する、ということです。**気のきいた話をする人は、人と少し別の角度からものを見て、「隠された真実」を発見しています。**

例えば、「アイドルにゆかりのある神社」に行ったとします。そこで神主さんがその由来を説明してくれました。

神主「この神社は、桜田淳子さんや森昌子さんや山口百恵さんがお参りして、それでアイドルになって成功したんですよ」

普通の人「へえ、そうか、あの3人がぁ」

→　**おもしろい人**「それ、やや、微妙ですね」

これ、「隠された真実」です。

多くの人は「ああ、その3人がお参りしてるんだったら!」って、鵜呑みにしがちです。でも、その後の彼女たちの人生に思いを馳せてみると「アイドルになって成功……ちょっと違うんじゃない?」って部分もある。それに気づけるかどうかで、会話が変わってきます。正しいかどうかではなく、そういう見方もあるんだ、ということに気づけることが重要です。

こんなふうに、「笑い」っておかしなことを言ったり、変なエピソードを話したり、ということだけではなくて、「本当は、そういうことか!」「そういう考え方もあるのか!」って相手に気づかせたときにも起こるんです。

ポイント

おもしろい会話は「発見」で生まれる

○話がはずむ人=マイナスで笑いをとる

×話がはずまない人=プラスで相手をしらけさせる

〈間違った常識5〉盛り上がったら、その場に入る
▼盛り上がっているときは、その輪に入らない

ここで、「話がうまい人」の特徴を考えてみましょう。
話がうまい人は、たいてい、4つのことを意識していると思います。

①聞く力
②質問する力
③相手を理解する力
そして、
④黙る力

例えば、話がうまい人はみんながワーッって盛り上がっているときには、その中に入りま

せん。
ちょっと想像してみてください。みんなが盛り上がっているときに、別の人が話に入ってきたら、場の空気はどうなると思いますか？

A「私、○○だった」
全員「わー、そうだったんだ！」（盛り上がる）
B「オレも、○○で」
全員「へえ」（多少沈む）

というふうになりませんか？

すでにみんな盛り上がっているのですから、その中に「オレも！」って入っていっても、「あの人の話は盛り上がるよね」とはなりませんよね？

本当に話がうまい人は、みんなが盛り上がっているときは、一歩引いています。
「別に話がうまい人だと思われなくても、自分が盛り上がりたいんだ」って人は、いいですよ。でも、「あの人話がうまいよね」「モノの見方が変わっててておもしろいよねー」と言われる人は、よくよく見ると、場がワーッと盛り上がっているときは、周りのことを微笑ましく見ているものなんです。

では、なぜそんなことをするのかというと、その話題はもう終わっているから。そんなときに、話に入って深追いしてしまうと、かえって場が冷めることすらあります。

「話がうまい人」が盛り上がっているときに考えていること

話がうまい人は、盛り上がっているときに、次の話題を考えています。

これはすごく大切なことです。

盛り上がった次の瞬間、場が静まることってありませんか？　これはここで話題が完全に終わるからです。ここからもう一度、場を立て直すのは、大変です。

そんなときに、もう一度場を沸かせられる人は、みんなから注目されますよね。

話がうまい人は、「話を発展させたり回したりするためには、どうしたらいいか」と先回りして考えています。

ともすると、みんな自分の話をしたがりますが、そうではなく、場を見たり、質問をしたりして相手の考えを知ろうとすることが、実は「気のきいた会話ができる人」への近道で、イコール話がはずむ人になれることだったりするのです。

ポイント

自分が盛り上がる前に、話をどう回すかを考える

○話がはずむ人＝盛り上がっているときに「次」のことを考える

×話がはずまない人＝盛り上がっているときは、ここぞとばかりに入ろうとする

結局、楽しい会話は「おもてなし」である

ここまでをまとめてみると、

- 自分で楽しい話をするより、相手が楽しいと思う話をすること
- 自分１人でその場を盛り上げようとするより、その場を見ながら話をすること
- 自分ならではの視点で話をすること。無理はしないこと

が大事です。

これは、とどのつまり、「おもてなし」につながるのではないかと感じます。

相手のことを思いやって、相手に喜んでもらうという心。それがはずむ会話を生み、笑いを引き起こします。場や流れをわきまえないと「気のきいた話」は提供できません。「自分が目立とう」と、１人ではしゃいでしまっては、相手に伝わりません。

最初に与える側になってみてください。それが相手も自分も楽しめる、気のきいた会話

への第一歩です。

おもしろい人、話がはずむ人、気がきく人は、場を客観的に捉えているからこそ、思い切って言いたいことを言えるんです。しっかり場の流れをつかんでいるからこそ、焦って自分を見失うことはありません。「場」を見ているから、気まずい空気のときも、雰囲気が悪くなったときも、相手の心を察知しながら、上手に場を整えていくことができるんです。

ポイント

楽しく会話できる人は「おもてなし」がうまい

○話がはずむ人＝相手の気持ちを想像してから話を始める

×話がはずまない人＝自分がおもしろいと思ったことを話しはじめる

第2章

みるみる会話がはずむ雑談の「基本のき」

気のきいた会話は、「雑談」から始まる

ここまで読んで「早く気のきいた会話がしたい」と思っている方、焦ってはいけません。スムーズな会話のためには、まず相手の心をリラックスさせる「場」が必要です。第1章でもお話ししましたが、空気ができていないところで笑いは起きません。そのために有効なのが「雑談」です。営業でもデートでも、雑談から始めることが常です。実際にはそこで勝負が決まっている場合もあります。

「盛り上がる」ためにはフリがいります。その第一歩として、まずその下地をつくる雑談力を磨いていきましょう！

世の中には「話が続かない」と悩んでいる人が多いです。

実は、話が続かない理由は、話題が少ないことよりも受け答えの仕方にあります。

・どういうふうに話を振ったか

・どんなふうに返答したか（受けたか）

が大事なのです。

例えば、「毎日残業していて、大変だね」と声をかけたとしても、「ええ、大変です」とか、せいぜい「いや、要領が悪くて」とか「月末だから仕方ないですよね」くらいの返答がきて終わってしまいます。

これを、こんなふうに変えると、話は続いていきます。

「毎日、残業しているみたいだけど、何時まで会社にいるの？」

「23時30分ごろまではいます」

「終電に間に合うの？」

「たまに、乗り過ごすんですよ～」

振り方1つで、変わってきますよね。

答えるときも同じで、面接の受け答えのように「そうです」「違います」「それは○○です」で答えてしまうと、話が続かず、話題が振られてはすぐ終わり、また振ってはすぐ終わる、ということになるのです。

この章では、話がおもしろいように続いていく、話の振り方と受け方を紹介します。

「オレも」「私も」は禁止

「この間、私、ゴルフでベストスコアを出したんだ」

と言ったときに、

「オレもこの前ゴルフに行って〜」

と、自分の話を始めてしまう人、いますよね。

こんな「話泥棒」にあなたはなっていませんか？

これをすると話が続かなくなります。言った瞬間に、もうアウトです。


「オレもさ」「私もね」というフレーズは危険なんです。

相手は自分の経験が特別だと思って、おもしろいと思って話しているんです。あなたの話はまったく求めていません。そこを「オレもさ」って割って入られたら、「あなたの話は特別じゃない」って言われているような気がするじゃないですか。

ここでの正解は、「聞くこと」です。


「ベストってすごいじゃん。いくつ？」

「長いパットが入ったの？」

「何のクラブが調子よかったの？」

などと聞いてあげたほうが、話しているほうは嬉しいんです。


これは、相手がおもしろい話をしたときも同じです。

たとえ自分に似たような経験があったとしても、「へえ、そんなことがあるんだ。おもしろいね」って言って終わったほうが、相手は気分がいいですよね。

その人が特別だと思って話しているエピソードに対して、「オレもさ」「私もね」って言ってしまうのは、相手の特別感を消す行為です。これは「話泥棒」で、嫌われる話し方の1つです。

それに、誰かのおもしろい話に乗っかっても、「ああそうなんだ」と言われて終わってしまうことが大半です。同じ話を何度も繰り返しても、結局「へえ」で終わるんです。
だったら、気持ちよく話してもらったほうがいいじゃないですか。

みんな「自分のことを話したい」って思っています。
相手が話した後に、「あなたもそんなことある？」と聞かれたときは話せばいいですが、そうでない場合は、基本的には相手の「特別感」を消さないように聞きましょう。

ポイント

相手の「よかった話」は、あくまで相手に差し上げておく

「YES」「NO」で答えられるような質問はしない

よく野球中継のヒーローインタビューで「あのチャンスの場面で見事なタイムリーヒットでしたが、どんなお気持ちで打席に入りましたか？」という質問を耳にしませんか？

いや、１回はいいんです。でも、打った後についても同じように聞くんです。

「打った後、どんなふうに感じましたか？」って。そりゃ「ヒットになって嬉しかったです」としか答えようがないですよね。

また、「怒ってますか？」とか、「忙しいんですか？」とか、見ればわかるでしょうってことを聞いてくる場合もあります。

こんなふうに、質問にも答えづらい質問というのがあります。これでは話ははずみません。

本当に気のきいた話をしたいなら、その人のシチュエーションに思いを巡らせて質問をすることです。

簡単なのは、その人の過去とつなげて話を聞くことです。

例えば、

「3回裏のチャンスの場面ですが、ここ2〜3試合、打てていなかったっていう状況がありましたよね？　いかがでしたか？」

というふうに言えば、打てなかった選手に巡ってきたチャンスというドラマができるわけです。すると、答えも全然違ってきますよね。

「いや、やっぱりここ2〜3試合、非常にプレッシャー感じてたんで、ここは開き直ろうと思って入りました」

というように具体的な話が出てくるわけです。

「どんな気持ちで？」って、まったく具体性がないわけです。

打とうと思ったに決まってんじゃん、そんなの、って思いませんか？

●話が続かない質問とは

これは、日常会話でも同じです。

「高校時代に何をしていたか」という話をしたときに、「男子野球部のマネージャーをしてた」と言われたとします。そのとき、「大変でした？」なんて質問をする人もいますが、「大変でした？」と聞かれれば、十中八九「大変だった」と答えます。で、そこで話が終わります。

いわば、「Ｙｅｓ」「Ｎｏ」で答えてしまう質問をしているわけです。これでは、「そうです」「違います」という答えが返ってきた時点で、話が終わります。

そうならないためには、もう一歩相手の状況に踏み込んで考えること。その人がどうしてそういうことをしたのかということについて、思い巡らせることが大事です。

野球部のマネージャーって、男子の中で女の子は少人数なわけですよね。「女の子が男子野球部のマネージャーになる」っていうのは、「女の子が女子テニス部に入る」というのとは、違います。そこに気づけるかどうかです。

すると質問が「大変だった？」ではなく、
「家族で野球好きな人がいたの？」
「好きな男の子がいたの？」
って質問が浮かびます。どうですか？「親がリトルリーグの監督で自分も野球をしてた」とか、「かっこいい先輩がいたんだけど、すぐ卒業しちゃって」とか、話が広がりそうでしょう。

こんなふうに、相手からおもしろい話を引き出そうとするならば、まずは「相手の個別のシチュエーション」を入口にします。「野球に興味があったのか、先輩に興味があったのか、どっちなの？」「ここ何回か調子が悪かったようですが、今はどうですか」みたいな質問ができるかどうかなんです。

2つの質問から出てくる答えを想像してみてください。

〈A〉

インタビュアー「あの場面、どんな気持ちでしたか？」

選手「絶対打ってやろうと思いました」

〈B〉
インタビュアー「これまで2打席、抑え込まれていましたが、どんな気持ちでしたか？」
選手「それまで内角を攻められていたので、その球を狙っていました」

AとBの質問では、答える側が考えることもまったく違ってきますよね。

おもしろい話というのは、ある程度のドラマがあるんです。一番おもしろいのは、話している本人が忘れていたものを、意識の上に引きずり出すような質問です。きちんと相手のことを踏まえていないと、的確な質問をするというのは、すごく難しいんです。でも、それができると、意外な話が聞けたりするのです。

●人は自分に興味をもってくれる人に心を開く

人って、自分に興味をもってくれた人に対して、心を開こうとするんです。
もしかしたら、人にとって一番おもしろい話は「自分の話」なのかもしれません。だからこそ「質問する」ことは、よいコミュニケーションの基本になります。

相手に興味をもって聞いた質問からは、おもしろい話が広がっていきます。「会話を盛り上げよう」と思うなら、自分の受け答えの仕方と同時に、「質問する力」を鍛えるべきです。

なお、初対面の場合、「人」に興味をもってと言われても、相手のことを知らないのでどこにもてばいいか迷うこともあると思います。そのときは、その人自体ではなく、その人がやっていたことに目を向けるのでもいいと思います。

例えば「趣味で弓道をやっていた」という話になったときは、「弓道」というものに対しての質問をしてもいいですよね。「その人」というふうに捉えると行き止まりになることもあるので、柔軟に考えてみてください。

ポイント

相手の「過去」や「立場」を考えて質問をせよ

質問は「いつ、どこで、誰が、何を」よりも、「なぜ、どうやって」

話を続けようとするあまり、人が答えているときも次の質問を考えている人がいます。気持ちはわかりますが、それでは相手がせっかく広がりそうな話題を振っているのに、気づかない可能性もあります。

大丈夫です。耳を傾けていたら、「聞きたいこと」は浮かんできます。

ここで大事なことは「いつ」「どこで」「誰が」「何を」という情報よりも、「なぜ」「どうやって」のほうに注意して質問することです。

「なぜ」「どうやって」には、相手の人となりが出ます。

例えば、次の会話を見てください。

A「高校時代は野球部のマネージャーをやってました」

B「そうなんだ。野球部って何人ぐらいいたの？」

ここでBのように情報を質問してしまう人がいます。これも結構危険です。その人数が、すごく多かったり少なかったりすれば話は続きますが、たいていは想像の範囲の人数でしょう。

「野球部って何人ぐらいいたの？」
「30人」

どうしますか？　どこにもツッコミどころはありません。かといって30人では話が広がらない。次の質問考えなきゃ、と焦るわけです。
では、これを「なぜ」「どうやって」の質問に変えてみましょう。

「どうして野球部のマネージャーになったの？」
「先輩に誘われて」

これなら単語では絶対終わりません。

でもここで、「なんとなく」って答えられたらピンチ！　ですよね？　こんなときも落ち着いて、「なぜ、どうして」を思い出してください。

「なんとなくなんだ。でもきっかけはあったでしょう。誰かに誘われたの？　それともかっこいい先輩とかいたの？」

と、今度はこちらから具体的な情報を出して続けます。今度は「なんとなく」という返答はあり得ません。

「かっこいい先輩はいた。でも好きだったのはバスケ部の先輩」

などと何か具体的な話が返ってきますし、そこで「バスケなの！」ってツッコむこともできます。

「その人」につながる話は、「情報」を聞いても出てきません。「理由」「行動」「気持ち」を聞くと、その人らしさが引き出せて、会話が広がります。

ポイント

「話を続ける」ためには、「Ｗｈｙ」「Ｈｏｗ」で広げる

相手の話を「映像化」させれば、次の質問が思いつく

初対面の人との雑談は気づまり、という人もいると思います。ぎこちなく話していると きに生まれた、なんとも言えない間。どうにかしたいと焦りませんか？　そこで頑張って気のきいたことを言おうとして、さらなる沈黙が続いたとき、自身の無力感を覚えること もあると思います。

でも、実際には初対面の人が相手のほうが、雑談は続くんです。なぜかというと、基本的には向こうもこっちも相手のことを知らないわけだから、経歴なりなんなりといった、当たり障りのない質問をどんどんしていけばいいからです。

「困ったら、小学生時代から」

これが鉄則です。

そこから出身地、住んでいたところなどを聞く。

例えば、

「小学校時代はどんな子でしたか？」

「中学や高校ではどんな部活に入ってましたか？」

「大学時代に何をしてましたか？」

「その地域だと、遠足とかはどんなところに行くんですか？」（学校によっては24時間歩く遠足とか特殊なことをしていて、聞いてみると意外とおもしろいんです）

などなど。誰にでも答えられる質問がよいと思います。

ここで大事なのは、何か特殊な話が出てくるまで、焦らず聞くこと。「それ、珍しいですね」というポイントや、自分の知識と共通する話が出てくるまで質問をしながら、鉱脈を探していきます。

●質問が浮かぶ「話の聞き方」とは？

話を聞くときのコツは「相手の話を映像化させながら聞く」ということです。

例えば、

「学生時代何やってたの？」

「野球部のマネージャーだった」

と言われたとします（またマネージャーで恐縮です）。

そのとき、「えー、そうだったんだ」で終わらないようにしてください。必ず、頭の中に「野球部のマネージャー」を映像で浮かばせます。そして、自分の記憶の中の「野球部のマネージャー」をたぐり寄せます。

もし映像が浮かばなかったら、それは自分がよくわかっていないということだから、「実際にどんなことをするの？」と聞けばいいですよね。

もし、なんとなくマネージャーのすることがわかっていたら、

「ベンチに入ったことあるの？」

「レギュラーを発表するときって、あったでしょう？　伝えるときはどんな気分なの？」

などと話をしていくと、どんどん広がっていきますね。

で、「やっぱり、マネージャーと部員って何かあるんじゃないの？」って、恋愛の話を振って、

「いや、私の彼、バスケ部だった」

「そこかい！　じゃあ、バスケやればいいじゃん！」

みたいなツッコミを入れれば、雑談が盛り上がっていきますよね。

「映像化」と「記憶」をたぐって、会話を膨らませてみてください。

ポイント
相手の話を映像化させると鉱脈が見つかる

相手の話をただ受け止めない

話の受け方にも、話が続く受け方と話が続かない受け方があります。

上司「ゴルフやる？」

部下「やりません」

これだと一瞬にして会話は終わります。では、こちらはどうでしょう？

上司「ゴルフやる？」

部下「ゴルフはやらないんですが、サーフィンは興味があります」

これだと少し話が続きそうですね。上司のほうから「なんでサーフィンなの？」と聞いてくれるかもしれません。でも、その後話が続くかどうかは、相手の出方にかかってきます。

一番いいのは、質問することです。

部下「ゴルフはやらないんですけど、おもしろいですか？」

相手は自分がゴルフに興味があるから、「ゴルフやる？」って聞いてくるんです。この場合、上司はゴルフが好きなのですから、ゴルフについて聞いてあげれば、確実に話は続きます。わからなかったら、「それは、どういうことですか？」と素直に聞けば、相手も話してくれるでしょう。

はずむ会話で大事なことは、話の流れをつくることです。そのためには、話のベクトルは、いつも相手に向けておくことが肝心です。

常に相手がどう反応してくるかということを考えながら、答えたり質問したりしていると、話は続いていきます。

ポイント
答えることよりも、「話を続ける」ことに意識を向けよう

「返答」は具体的な言葉を入れる

初対面では「質問」で相手の趣味などを探っていくことも多いと思うのですが、そんなとき、こういう「返答」は話を盛り下げます。

「音楽で何が好き？」という質問に対して、

「そのときの気分で聴きますね」

「あんまりこだわりなくて」

これは話が続きません。まったく発展しません。さらに、

「いや、最近、聴かなくて」

なんて答えが返ってきたら、質問したほうは心が砕けますね。「何が好き？　聴かない？ああごめん、音楽は聴かないんだね」って、話がしぼんでいくわけです。

こういうときは、何か「具体的な話」を言ったほうがよいのです。ものすごく聴いてい

るわけでなくても、

「最近、気に入っているのはこの曲です」

「昔はこんな曲を聴いていたよ」

などと答えてくれたほうがいいんです。

知っていればそれで話がはずむし、知らなくても「それ、どういうの？」って相手も聞けますよね。


たまに「趣味は？」と聞いたときには「別にない」と言ったのに、話しているうちに、ヨガに通っていたり書道をしていたり、なんらかのことをしている人がいます。

だったら、

「別に趣味じゃないけど、今ホットヨガやってます」

と言ってくれたら、

「何、それ？」

「室温を上げてやるやつだよね」

などと話のネタになるわけです。

本人はヨガなんておもしろくないと思っているのかもしれませんが、相手はおもしろいと感じるかもしれません。少なくとも質問には、具体例で答えましょう。

●相手の周辺情報を集めている序盤は、特に「具体的」に

特に、何かの会合であれば、序盤は意識してみてください。中盤以降は、大体その人となりがわかっているから、考えや気持ちみたいな抽象的なものでも話は進みますが、最初はその人の周辺情報を集めているんです。そういうときに漠然としたことを言われると、なかなか話が続きません。

テレビ番組でも「1つのことを表すためには1つの具体例から広げる」というのが鉄則だったりします。

別に、相手が知らなくてもいいと思うんです。

「僕は基本ハードロックです。陰陽座ってバンド知ってる？　妖怪メタルなんだけど」

と言って相手が知らなかったとしても、もしかしたら、「へえ、何それ」って聞いてく

れるかもしれませんよね。

どんな話でも具体的であれば、相手はリアクションがとれます。それについて質問もできます。漠然とした話では、相手も話を続けようがなくなるのです。

活用例

「そんなに凝ってないけど、今ヨガやってます」
「趣味とまでは言えないけど、最近フットサルを始めました」
「最近、映画は見ないけど、一番好きなのは『バック・トゥ・ザ・フューチャー』かな」
「映画、最近見てないけど、日本映画が好きかなあ」
「昔はよく、さだまさしとか聴いてたけどね」

ポイント

「具体的な話」が、話を進ませる

相手が質問してきたことは、聞き返す

基本的なことではありますが、相手が質問をしてきたことは、質問し返しましょう。**相手が質問してくることはたいてい、聞いた人自身が興味があることなんです。いわば、質問されたがっていることを聞いてくるといってもいいでしょう。**

だから、「音楽は何を聴くの？」って相手が質問してきたら、まず自分の好きな音楽を伝えたうえで、「どんな音楽を聴いてるんですか？」と質問をします。これは基本中の基本です。ここで質問してあげると、相手は喜んで話してくれると思います。

●話はすぐに相手に返す

なお、話を続けているとき、くれぐれも話を盗らないように。

特に話すことが苦手な人が相手の場合は、自分が話をした後、すぐ会話が途切れてしま

う可能性があります。例えば、

相手「中学のときは必ず海で遠泳があって、大変だったんです」
自分「ウチもなんですよ」
相手「ああ、そうですか」

で終わってしまいます。

だから、

自分「ウチもなんですよ。海の近くの学校には共通するんですね。で、どのくらい泳いだんですか？」

とすぐ相手に返してあげたほうが、結果的に自分もラクになると思います。

●複数で話しているときも、「２人」から話しはじめる

複数で話していて沈黙した場合も、これと同じです。気をつけたいのは、変に全体をフ

ォローしようとしないこと。

例えば4人いる場合、まずは隣に座った人にその人のプロフィールを聞きます。すると、それに何か共通点があれば、他の人も自然と話に加われますし、もしそうでなくても、あなたとその隣の人の会話が流れているだけで、場が救われるんです。


変な間が空いたときって、みんな気になるはずなんです。

特に2人の場合や初対面の場合は、相手も気を使っていますから、何か振られたら〝渡りに船〟という感じで話してくれます。

まずは、緊張感をやわらげることが先決。

「盛り上げる」のは、その後で大丈夫です。

ポイント
緊張感をやわらげて距離を縮めることが第一！

第3章

話し方をちょっと変えるだけで気のきいた人になれる

なぜ、あの人の話は気がきいているのか？

雑談で盛り上がった。質問することで話が続けられた。関心を寄せられて相手は気分がよくなる。場がリラックスする――。さて、第2章までで、お笑い的に言えば「空気があったまっている」状態ができました。

いよいよここからがこの本のメインテーマ。気のきいた会話の真髄に迫っていきましょう。

日常で気のきく人って、何気なく言った一言で相手の気持ちを和ませます。変にボケたりギャグを言ったりするわけではない。何気ないからおもしろい。だけど何気ないだけに、「なんでおもしろいのか」を意識することが難しいわけです。その難しいことに挑戦しなければなりません。

でもご安心ください。できるようになるには1つのコツでいいんです。

それは、「自分から離れること」。つまり、「自分やその場を観察する癖」を身につけることです。失礼なことを言われてムカー！となったとき、そのまま反射的に言い返すか、一瞬「あ！　オレ今怒ってる」と自分の感情を認識するかで、頭の使い方はまったく違ってきます。出てくる言葉も変わります。

反射的に言い返せば、そのまま相手との関係は悪くなるでしょう。

でも、自分の感情を認識したうえで、相手との関係も悪くしたくないな、と思ったら、違う言い方も生まれてきますよね。

それに、おもしろいことを言って場を盛り上げるためには、気のきいた会話が必要です。そのためには、相手の感情や場の空気を感じとらなければなりません。自分の感情のままでは、そのセンサーは働きません。

この章で挙げていくポイントを日常で実践するときには、自分を客観視する癖をつけてください。きっと今まで知らなかった自分を発見できます。そして「気のきいた一言」が見つかります。これまでの会話にひとひねりのスパイスを加えることで笑いは生まれます。

「気のきいた会話」は変換している

バラエティ番組などを見ていると、よく、ツッコミとボケみたいな役回りがあります。これを会話で考えると、ツッコミは「質問」、ボケは「回答」（返し）に当たりますね。

話がおもしろい人は、この「返し」で言葉を変換しています。

A「今日の夜ごはんもサンマでいい？」
普通の人「また⁉　いくら旬だからって勘弁してよ」（返し）

A「今日の夜ごはんもサンマでいい？」
おもしろい人「毎日ＤＨＡが摂れていいな～。摂り過ぎも体によくなさそうだけど……」（返し）

話がうまい人は、コメントを返すときに、サンマはサンマだけど、サンマを別の表現で言えないかなと考えます。そのとき、ＤＨＡと浮かんだら、「ＤＨＡ↓体にいい↓でも、毎日は嫌だな」と連想できます。つまり、言い換えるとき、頭の中で連想ゲームが始まるわけです。

これを使うと、会話は豊かになります。同じ言葉でも言い換えれば話がはずみます。この例のように、角を立てずにモノを言うことができます。

●連想して話を転換する

次の例は、僕が学生時代に合コンでとてもショックを受けたエピソードです。

女性Ａ「ヨシダさんってさあ、誰かに似てる」
女性Ｂ「……なべおさみ？」
女性陣も男性陣も爆笑。

若い僕にはとてもショックな出来事でした。決して顔がいいわけではありませんが、それでも若いときは、もう少し自分を高く見積もっているわけです。なのに「なべおさみ」(別になべおさみさんを否定しているわけではないですよ。でも、なべおさみさんをご存じの方なら気持ちはわかってもらえると思います)。そこでなんと答えるか。

普通の人「似てないよ」と否定する。

頭にきたのだから、否定します。ただこれでは盛り上がりません。

若い僕は必死で考えました。そして答えました。

僕「僕は、ちゃんと試験を受けて入ったけどね」

このときなべおさみさんは、息子の大学の替え玉受験の件で話題になっていました。だから、笑いが起きました。

解説すると、「なべおさみ」と言われた瞬間、その人はどんな人だっけ、って考えます。

そして、「似てる」と言われて傷ついたのだから、「似てない」面をピックアップします。
なべおさみさんは、当時、替え玉受験が問題になっていた。
↓
でも、僕は替え玉受験をしていない。

こういうふうに連想して返すのも、笑いをとりやすい方法です。
間違いなのは、こんな返し方をする人です。

間違いの人「え？　それよりキムタクに似てない？」

まったくかけ離れているものは、より場をしらけさせますのでご注意を。せめて「どちらかというとキムタク寄りじゃない？」くらいにしておきましょう。
「なべおさみ事件」は今でも引きずっているくらいショックな出来事でした。でも、この一言で、話題は「僕が誰に似ている」という話から、替え玉受験の話に変わっていったわけです。合コン的には致命傷にもなりかねない危機を救ってくれました。
うまい切り返しは、自分の危機を救います。

活用例

A「なんかやばいなーって思ったんだよ。あれ虫の知らせかな」
B「気のせいじゃないの」
A「まあそうなんだけど、見えない何かでつながってるんじゃないかな。だってほら、無線LANも見えないじゃん」

ポイント

「連想」＋「変換」で気のきいた言葉が見つかる

話の中で「矛盾」と「違う意味」を見つける

話を盛り上げることを見つける視点として、「矛盾を見つける」ことと、「違う意味を見つける」ことがあります。

まず、矛盾についてお話しします。

ある歓送迎会での出来事です。あるグルメな先輩がこう言いました。

先輩「『孤独のグルメ』の店にみんなで行こうよ」

さあ、どこに矛盾があるでしょうか？　表面的にはまったくありません。

こういうとき、

話がうまい人「孤独なのにみんなで？」

と言えるかどうかが、話がうまい人と普通の人の分岐点です。

「孤独」に楽しみたい店に「みんな」で行く矛盾をつく。こういった気づきに、人は虚をつかれて笑います。第1章でお話しした「隠された真実」です。笑いとはバカなことだけではないんです。

真実という言葉には重みがあるので、高尚に捉えてしまう人もいるかもしれませんが、この例のように、真実とはちょっと違うけれど、聞くと「確かに！」って思うことを見つけるのがコツです。

●同じ言葉でも「違う意味」を見つける

では次に「違う意味」を解説しましょう。

有名なフレーズを、ちょっと「違う意味」で使った例です。

『サラリーマンNEO』の話になりますが、その中に後輩が企画した東進ハイスクールの

CMのパロディがありました。内容は、受験を転職に置き換え、名物講師そっくりの役者たちが、転職についてアドバイスするわけです。

音も画角（見え方）も一緒。このパロディはとてもウケました。そしてその何年か後、大手の自動車会社が東進ハイスクールのパロディCMを流し、2013年には「今でしょう」というフレーズが大流行しました。

僕は忸怩《じくじ》たる気持ちをフェイスブックに以下のように書きました。

「じぇじぇじぇ」が流行語大賞をとりました。ありがとうございました。「今でしょう」もとりました。複雑な心境でした。

というのも『サラリーマンNEO』では、東進ハイスクールのパロディを2年前につくり、とても人気がありました。

ただ深夜の悲しさ。知る人ぞ知るどまりでした。某大手自動車会社のCMをつくった人が、これを見ていたかどうかはわかりませんが、もし今NEOがあれば、自分たちが先だったということを訴えたうえで、自分ツッコミしたと思

います。

「今でしょう」

♪出囃子　お後がよろしいようで……。


「今でしょう」は本来、未来に向かってのメッセージです。それを早過ぎた自分たちへのツッコミとして使っているわけです。

これがひねりです。

林先生の「今でしょう」は、「やるなら、今でしょう」ということで「先延ばしにしない」という意味の「今でしょう」です。でも、僕の「今でしょう」は、「何年も前にやったけど早過ぎた。やるなら、今でしょう」です。

少し高度ですが、こういう使い方ができると、スマートに見えます。

気のきいたことを言う人って、誰かの言ったことを鵜呑みにせず、「待てよ」と、その言葉を捉えて一瞬考えています。癖みたいなものですから、試してみると、言葉のセンスも変わってくると思いますよ。

ポイント
相手の言葉をただ受け止めず、１回ひねる

のっかって否定する「1回肯定」のルール

返しについて説明してきましたが、ただ単純に相手にのっかってしまうことで、おもしろい返しにつなげることもできます。

〈A〉
「アゼルバイジャンって、どこ?」
「ここ」(世界地図の日本を指す)
「違うよ!」(返し)

〈B〉

「アゼルバイジャンって、どこ?」

「ここ」(世界地図の日本を指す)

「そうそう、って違うでしょう！」（返し）

どちらのほうが場が盛り上がると思いますか？　「違う」って言ったら、話はおしまい。相手は「アゼルバイジャンの位置」はわからないけど、日本を指すことでボケています。ボケには必ずのってください。その後は、普通に否定すればいいんです。

また、のっかると、自分も追い込まれるので、思わぬ言葉も出てくるものです。

「そうそう、って、オレらアゼルバイジャン人か！」

多少照れてしまう要素ははらんでいますが、思い切ってのっかれば笑いが出ますよ。

●イラッとする話にも、まずはのる

A「オレ、太ったかなあ？」

B「肉の食べ過ぎじゃない？」

A「いや、そんなに食べてないけど」

Bの言葉はイラッとしますよね。でもここで否定しても、険悪になるだけ。こういう場合も、のっかれば笑いが生まれます。

A「オレ、太ったかなあ？」
B「肉の食べ過ぎじゃない？」
A「そうなんだよ。ま、ここの肉（自分のおなかを指して）が一番美味かもしれないけどね」

続く言葉が思いつかなくても、「そうなんだよ」と言っている間に、頭が柔軟になって次の言葉が浮かんできます。
会話においてポジティブシンキングとは、自分を肯定することではありません。相手や環境を肯定することだと思います。

活用例

（部下が間違って部長印の欄に部下自身の印を押してしまった場合）
「○○くん、部長かぁ、いつの間に出世しちゃった？」

ポイント

「まず１回肯定」のポジティブさが、会話を楽しくする

相手の「よかった話」には、逆の経験を返す

先ほど、「オレも」「私も」は禁止と言いましたが、ただし、自分にその人が話していることの「逆の経験」がある場合は、別です。

そこから、「逆の経験」を話すことで「笑い」にもっていけます。

次の例を見比べてください。

〈悪い例〉

女性「私にはまったく関心がなさそうな人がいたんだけど、後で友達から、実は彼はあなたともっと話したかったらしいよ、って聞いて、今度会うことにしたんだ」

男性「オレもさ、まったくノーマークの子がいたんだけど、なんか話したいとか言われて、今度会うんだ」

女性「へえ、そうなんだ」

ここでは男性は、女性とまったく同じような自分の経験を話しています。まあ、「へえ、そうなんだ」で終わってしまいますよね。

〈よい例〉

女性「私にはまったく関心がなさそうな人がいたんだけど、後で友達から、実は彼はあなたともっと話したかったらしいよ、って聞いて、今度会うことにしたんだ」

男性「えー、オレはまったく逆で、イケると思ったのに完全にフラれたんだよね」

女性「何それ、そんなことあるんだ（笑）」

今度は「逆の経験」を話しています。これなら話が盛り上がります。

相手の話を聞いているとき、もう一歩踏み込んで笑いにしたいのなら、相手の話を聞きながら、自分の経験の中から、逆のエピソードを探します。あくまでも、話してくれた相手の経験は、「相手の特別なもの」として差し上げておきましょう。

相手の話は基本的に、自慢したいことだったりします。だから自分を下げて笑いにしてしまいます。自分を下げる＝人の不幸です。すると、相手から「おもしろいねー」って思われます。

なお、相手の話がよくないことの場合は、逆の話をしてもイラッとされるだけです。その場合はさらによくない話を見つけましょう。

活用例

〈相手がよくない状況の場合にさらによくない話をする〉

A「来週締め切りのレポート書いた？　分量が多いからまだ終わらないよ」

B「ええ！　私なんか、今そのレポートのことを思い出したよ」（自分はさらに悪い状況）

ポイント

相手の「よかった話」は、特別なものとして差し上げておく

自慢話は「自虐」を添える

失敗は話をおもしろくする大事な要素。その中でも積極的に使っていきたいのが「自虐」です。

でも、自分としてはいいところを見せたいわけだから、うまくいった話や自慢話もしたいじゃないですか。

そんなときのための「自慢を自慢で終わらせないコツ」があります。それは、自慢話に「自虐」を添える、ということです。まずは例を見てみましょう。

〈例〉

「どこに住んでるんですか？」

「港区の45階建ての高層マンションに住んでます。コンシェルジュも朝9時から夜10時まで3人いるんです」

「へえー、いいところに住んでますね！」

ここで「まあね」って言って終わると、「感じ悪い人」になってしまいます。だから、こんな話を続けます。

「とはいっても2階なんですけどね」

45階建てと聞くとほとんどの人が高層階を思い浮かべます。しかし、実際は2階。そのギャップに思わず笑います。そして、さらにこう続けます。

「エレベーターで高層階の住人と一緒になると『階段を使えよ』って思われているんじゃないかと思いながら、2階のボタンを押してます。卑屈な気持ちを抱えて住んでるんですよ」

45階の高層マンション。しかし、住まいは2階で高層階の住人に敗北感を抱きながら生活している。まさに自虐です。こうなれば嫌味になりません。「すごいところに住んでいても、目線は自分たちと一緒だな」って感じてもらえます。

こういう自分が感じているマイナスの感情を出すと、自慢したいことを話しながらも、親近感のある笑いにつなげられます。

ちなみに、

「45階建てに住んでいますけど、36階以上は別のエレベーターがあるから、僕らは入れないんです」

というオチもありそうです。

●話したいことは「質問」させる

こういうネタは、自分のカードとしてとっておき、困ったときに出すと便利です。

ただし、くれぐれも「オレが住んでるのは～」などと、自分から自慢話を始めないこと。まず、「嫌味な人」と思われます。

だからまずは、「どこに住んでるの？」と相手に聞きます。相手が「自分は○○に住んでいます」と答えたら、大体相手はこちらに聞き返してきます。そのとき、このネタを話すわけです。

自分のネタを言うために相手にまず質問して、相手から質問して（ツッコんで）もらう。これも1つのテクニックです。自然な流れで盛り上げるためには大事なことです。

なお、万一相手が聞いてこないときは、相手はなんの興味もないということです。潔く、その話はあきらめましょう。

活用例

「社内で賞をいただきました。賞金は3000円でしたけど」

「TOEICで900点とりました。でも外国の人を見ると緊張して、なかなか話せません」

「○○大学に入りました。補欠入学ですけど」

ポイント
「自慢」＋「自虐」は、好印象を残せる

「一番」「優秀」「エリート」は笑いの種になる

優秀な人、エリートの人。世間では絶対的な価値がある人やモノも、笑いをとるチャンスになります。

僕は若いころバラエティ番組の前説をしていました。前説は、収録前に番組の説明とともに、観客を盛り上げ、場をあったためる役目を負っています。

とはいえ当時の観客はバイトで来た大学生。番組観覧をバイトにし、いろいろな番組を見ている人たちでした。芸能人が出ても慣れてしまっていて「わぁ〜っ」とはなりません。そんな状況の中でも、ディレクターとつながっているインカムからは「もっと盛り上げろ！」と理不尽な指示がきます。

その中でもきつかったのが、落語家が出演する番組でした。今でこそ落語は流行っていて、若い人も見ますが、当時はおじいちゃん・おばあちゃんの愉しみ。大学生を盛り上げるのは、なかなか厳しい状況です。案の定何を言っても盛り上がらない。だけどあるきっかけから盛り上がりはじめました。

僕「今日は大学生の方が多いということですが、青山学院大学の方はいらっしゃいますか？」

ちらほら手が挙がる。

僕「僕の後輩です。さすが僕に似て美男美女がおそろいです」

軽く笑い。

そして個別に質問。何人かに出身大学を聞いた後に頭のよさそうな人に聞きます。

僕「どちらの大学からいらっしゃいましたか？」

学生「東京大学です」

僕「へえー……嫌いです」

ここで笑いが起きます。

東京大学は誰もが認める日本で一番偏差値の高い学校です。だからいじれます。ただ単に嫌いって言っているわけではないんです。「嫌い」って言いながら、相手を立て、自分を下げています。言っている僕の僻みも垣間見えて、おもしろいわけです。

一般的にすごい人、すごいものを見たら、「ウケ」をとるチャンスだと思ってください。「絶対的な価値」はフリになります。絶対的な価値であるがゆえに、同じ前提に聞く人をのせられるため、共感が生まれます。

例えば、内輪だけで盛り上がることがあります。これは共通の体験があるからこそ、共感して盛り上がるのですよね。**「絶対的な価値」はみんなが同じようにもっている前提です。みんなが共通にもつ共感によって話に引き込まれるわけです。**

ポイント
フリなくして笑いなし。絶対価値をフル活用

たとえ話には、「虎の威を借る」型と、「共通点を見つける」型がある

話をおもしろくするのに「たとえる」ってすごく大事です。うまくたとえて話すと、相手に「話がうまい人だな」とか、「自分のことをわかってくれているな」と思ってもらえます。

たとえを大きく分けると、「虎の威を借る」型と「共通点を見つける」型があります。

①「虎の威を借る」型

これはすごい人の話をしてたとえる方法です。

「自分は変わらなきゃいけないんだ」という話をしたとします。そのときに、

「イチローさんも王さんも、毎年バッティングフォームを変えていたんだって。2人とも個性的なフォームだし、自分の道を極めようとしているのかと思っていたんだけど、びっ

くりだよね。あんなにすごい人が変えているのに、なんで自分はこのままでいいんだろうって思ったよ」

と言うと、聞いている側の感じ方は違ってきます。「そうか、変わるって大事なことなんだな。だから、この人は挑戦しようとしてるんだな」ってわかってくれます。

「自分は変わらなきゃいけないんだ」
「だから変わらないとダメでしょう」

と抽象論ばかり言っている人もいますが、それだと「へえ、そうなんだ」で終わってしまいがちです。

注意点は、イチローさんや王さんなど「すごい人」について、自分が感動した点や具体的な点を話すこと。ただ単に「イチローさんも王さんも変えようとしていたのだから、自分も変わる」だと、すごい人のやることならなんでもやるのか、と、自分をもっていない人のように見えてしまいます。

②「共通点を見つける」型

誰かが、何かを説明しようとするのですが、うまくはまる説明ができずにいるとします。

そのとき、

「それって、〇〇みたいなもの？」

と聞いてそれがぴったりしたたとえだと、

「そうそう！　そんな感じ！」

って笑いが起きますよね。相手が自分のことをわかってくれているような空気が出来上がります。


例えば、こんな会話。

「この前食べたプライムリブってすげーうまかった」

「何、それ？　ステーキ？」

「ステーキよりは柔らかいんだけど……」

「ローストビーフ？」

「よりは、もっと分厚い」

「うーん、たとえば宮崎駿の映画に出てくるようなお肉？」

「ああ、それそれ、うまそうでしょ」

「たとえ」といえば、具体的事例の説明に使われますが、盛り上がる話では共感させるのに使います。相手がもぞもぞして言い当てられない表現を、

「どのくらいの厚さ？」

「厚さは好みで選べるんだけど……」

なんて続けても盛り上がりません。こういうときはみんなが知っているであろうことに置き換えて「共感」させることが大事です。

コントの笑いでも「あるあるネタ」というジャンルがあります。日常みんなが体験したことを描くと、オチがなくても「あるある」でクスクス笑いを呼びます。共感も笑いになるんです。

なお、こういうときイライラして、「それじゃ、わかんねえよ」と言っちゃう「受けない人」は「ウケない人」です。心に留めておいてください。

活用例

A「えっと、全体を一気に売るんじゃなくて、ちょっとずつ提供して引っ張るというか」

B「それって、デアゴスティーニの雑誌みたいなもの？」

ポイント

「虎の威」は自分、「共通点」は物事の説明に効果がある

描写は「リズミカル」かつ「具体的」に

話すときは、より具体的に描写したほうが話が途切れません。

具体的な描写とはいったい、どのようなものでしょうか？

例えば、焼肉屋さんで、

「最近、年で肉が食べられなくなった」

「ほんとに、そうだよなあ」

だと、そのまま終わってしまいますよね。

そこで、以前、たくさん食べられたころの自分を思い出して話してみます。


「最近、年で肉が食べられなくなった」

「昔は、カルビが食べたかったのにね」

これだと、ちょっと話が進みますよね。

相手も昔のことをイメージして、「そうそう、あの焼き肉屋さん、おいしかったなあ」みたいな話が出てくるかもしれません。


もう一歩進んで、それを描写してみます。

「最近年で、肉が食べられなくなった」

「昔は、タン、ロース、カルビ、カルビ、カルビ、カルビだったんだけどね」


ここで**大切なのは、描写とリズムです。**

「カルビ、カルビ、カルビ、カルビ」と4回も強調されると、「タン、ロースも、儀礼として食べてるけど、本当はカルビ1本でいきたいぐらいだった」っていう気持ちが伝わります。

3回でなく、4回です。ダメ押しのようで、インパクトが強まります。

また、こういう言い方をすることによって、本当はカルビが食べたいのに、なぜかタンからいかないといけないような空気で、そう食べたくもないタンとかロースを最初に頼んじゃうんだけど……。でも本当はカルビが食べたかったんだよね、といった若いときの気持ちに共感が生まれ、盛り上がる状態になります。

●具体的に言うと相手のクイツキが変わる

この「具体的に」はとても大事です。

例えば、

×「昨日、東京ドームで野球を見たんだけど」

○「昨日、東京ドームの内野席で野球を見たんだけど」

といったように、「内野席」を入れることで、話を聞いた人に、具体的な映像が浮かびます。

実は、芸人さんもトーク番組で、こんな話し方をしています。

「高校のとき、山田ってやつがいてさあ」

山田なんて誰だかわからないけど、いいんです。単に「高校のとき、おもしろい人がいて」などと言うよりも具体的にイメージできるのでクイッキが違ってくるのです。

話をするときは、具体的に表現するように心がけると、相手の反応も変わってくるはずです。

ポイント

相手のイメージが湧く「具体的な言葉」を使おう

「意外と……」の話はなぜか盛り上がる

前述したように、笑いの要素の1つに「隠された真実」というのがあります。

これは「人」についても同じです。

「(いつもキリッとした人に) ○○さんって、意外と天然だよね」とか、

「(いつもおとなしそうな人に) △△さん、実は、言うときは言うよね」とか。

ちょっとでも「図星」と思えたら、言われた当人はもちろん、周囲も笑ってしまいますよね。

結局、「笑い」というのは、ただ「おもしろいことを言っている」とか、「はしゃいでいる」ってことだけじゃないんです。

いつもは表面に出ない「隠された真実」をつかれたとき、「そうかも!」って思うと、

なぜか笑ってしまいます。ただ「おもしろい」というだけじゃない笑いが起きるんです。

僕は結構本格的に手相を学んだのですが、静かな人に対して、

「ああ、○○さんは表面的には冷静に見えるけど、ケンカしたら意外と激しいね」

と言って、当たってたとしたら、本人は笑っちゃうんですよね。

たとえ当たっていなかったとしても、

「いや僕は意外と……」

などと自分の話をするでしょう。結果的にその人の心の奥とつながったり、話が盛り上がったりするのです。

最近は、「心理分析」ができるアプリもありますので、そうしたものを活用するのもいいですね。

「意外と……」をきっかけに会話を広げていくテクニック、とても使えてお勧めです。

活用例

「○○さんって、無口に見えるけど、家では結構しゃべってるんじゃない？」

「○○くんって、お調子者に見えるけど、実は臆病なところがあるよね」

ポイント

相手の意外な一面に気づいたら口にしてみる

おもしろいと思うのに、イマイチ反応がないときの3つの対処法

「おもしろいことを言っているはずなのに、誰も笑ってくれない。みんな、なんで、わからないんだ！」と焦る方もいると思います。

こういうとき、おもしろくないのはネタではなく、話し方だったりします。

ここではタイプ別に、対処法を紹介します。

〈症例1：「先走り」タイプ〉

A「日ごろ厳しい部長が大まじめな顔をして何を言うかと思ったら、『僕にもそのお土産くれる？』だって。八ツ橋好きなんだねえ」

B「部長が八ツ橋くれって」

どっちがおもしろいかは明白ですね。

部長が「お土産くれ」と言うのは、立場が上で厳格な人が子どもじみたことを言うからおもしろいんですよね。Bはしょり過ぎです。前提（フリ）がないので聞いた人は何がおもしろいのかわかりません。

先走って、フリを話さずオチを言ってしまうと、相手は何がおもしろいのかさっぱりわかりません。

また、最初に「おもしろいことがあったんだけど」と言う人もいますが、それも興ざめです。聞いている側の期待度が上がってしまうので、あまりおもしろくなかったりすると、肩すかしをくらったような感じになります。

なお、フリの部分はおもしろくないので、丁寧に説明しようとすると焦ることもあるものですが、オチについては自分がおもしろいと思ったのだから、おもしろい要素は必ずあります。ぜひ、落ち着いて話してください。

〈症例2：迷走タイプ〉

話をしているうちに着地点がわからなくなる人もいます。本人は別に困っていないかもしれませんが、もう、聞いているほうは地獄ですね……（笑）。これどこにたどり着くんだろうって。挙句の果てには、本人も「あれ、これ何の話だっけ？」ってなります。

対策としては、話す前に言いたいことを決めること。急に違う「話したいこと」が出てきたら、まずはそれに気づきましょう。

ちなみに、僕が察するに、話の着地点がわからない人っていうのは、基本的にモノを捨てられない人なんじゃないかって思います。整理整頓はここでも大事です。

〈症例3：知識偏重タイプ〉

例えば、合コンで最初から最後まで「現在の漁業の問題点」を話している人がいたとします。漁業の歴史から始まり、流通や国境の話にまで話が飛びます。熱弁されると、聞かなければいけない気になってきますが、盛り下がること必至でしょう。

知識をとうとうと話してしまう人の中には、他の人がそのことに興味がないことを忘れてしまう傾向があるように思います。

どうしても話したいなら、「相手との接点」を考えながら話すこと。
お料理でサンマが出てきたときに、サンマ漁のうんちくを披露するとか、タイミングを見計らって、相手の興味の範囲で話すことが大事です。

ポイント

話が盛り上がらなかったら、症例1～3のどれかに当てはまっていないか、確認してみよう

第4章

気のきいた会話のルール
シチュエーション別・実践編

気のきいた会話の「準備と勇気」

野球をする方ならわかると思いますが、自分のバッティングを磨く練習とともに、状況に合わせたバッティングやバントなどを練習することが大切です。

会話も同様に、自分の力を磨くとともに、それを状況に合わせてアレンジしていくことが必要です。

これまではいわば基礎練習。ここからは実践練習となります。

実践で必要なのは、「準備と勇気」です。

よく仕事でも、自分で決めた段取りが現場で崩されるとパニックになる人がいます。

なぜでしょうか？

例えばプレゼンで、当人はちゃんと考えて準備をしていると思っているのですが、その準備の大半は自分のパワポを仕上げることのみ。しかもそれは前に成功したことがあるやり方。これは準備とはいえません。自分のことだけ考えていては、その場で想定外のことが起こると、対応できなくなってしまいます。

準備の第一は、立ち向かう状況の把握です。会社の規模やこれまでの付き合いなどで、提案の仕方は変えなければなりません。会話だって、人数の多さ、仕事かプライベートかなどの違いで、話題や話し方が変わってきます。

勇気も必要です。頭で考えていても実際にやるにはなかなか勇気がいります。逆に言えば、準備ができてさえいれば、必要なのは勇気だけです。

とはいえ、状況の把握とは難しいものです。

そこでこの章では、シチュエーション別の会話例をご用意しました。状況の説明や会話例も紹介していますので、明日からでも実践できます。

この本で準備して、現場で勇気をもって試してみてください。相手のことをしっかり考えて向き合うことで、これまでと違う相手の反応に驚くはずです。

〈普段話さない人と2人で話す〉
聞くが8割。話すは2割

たまたま道で会社の同僚に会って会社まで行くとか、知り合ったばかりの人と帰りがけに一緒になるとか、仲がよいとまではいえない人と、話す場面があります。

こういうときは、焦って笑わせないほうがよいと思います。

ひたすら聞きに徹する、が正解です。

相手を笑わせようと自分の話をすれば、相手は笑ってはくれるでしょう。でも、たいていはおもしろいとは思っていません（気づいてました？）。

だって2人しかいないんですよ。その話がおもしろくなくたって、相手は気を使って笑います。もう1対1だから、笑わざるを得ないわけです。

特に男性の場合、相手が女性だと、ウケてると思って調子にのってギャグばっかり言ってしまうんだけど、実際には無理して笑っているから、相手は疲れるわけです。こちらが頑張れば頑張るほど、相手は冷めていきます。

人は、自分の話を聞いてもらっているときが一番楽しい

では、相手が笑っているときはどういうときかっていうと、自分の話をしているときなんです。もっと言えば、自分に興味をもってもらっているときなんですよね。

仕事のこととか、趣味のこととか、その人の得意ジャンルを質問してあげるほど、相手は楽しくなって、しゃべってくれます。

大切なのは、「聞くが８割、話すが２割」と思っておくこと。

つまり、こうした場合、笑わせようと考えないほうがいいってことです。

特に、まだそんなに関係性が深くない人の場合はなおさらです。

初対面の相手と2時間ほど話したときのことです。僕がしゃべっている時間は2割ほどでしたが、それでも「おもしろい」と言われ、「今日は自分の話ばっかり聞いてもらって

しまいました。ありがとうございます。今度は吉田さんの話を聞かせてください」とメールをいただいたことがあります。

不思議ですよね。自分の話をまったくしていないのに、相手は自分に興味をもってくれるんです。

そんなにいつも会うわけではない人と2人で話すときは、相手も気を使っているっていうことが大前提です。

だから、まずは相手に気を使わせないこと。そして、「あなたの話が聞きたいです」という気持ちをもって、相手の言葉に耳を傾けます。そして興味をもったことを質問する。自分のことは、聞かれたら答える。それで十分です。

「あの人は気がきいてる」って思わせたいのなら、質問8割、自分のこと2割の会話を心がけましょう。

ポイント
相手に気を使わせない、まずは聞きに徹する

〈友人と雑談〉よかった話は最後を悪く、悪かった話は最後をよく

気心の知れた相手との雑談では、お互いのコンセンサスがとれていますよね。そういうときは、少し多めに自分の話をしてもいいと思います。でも、より楽しく話したいなら、「よかった話は最後を悪く、悪かった話は最後をよくする」ことがポイントです。

〈よかった話〉

「この間、デパートのイベントの福引で1等が当たっちゃって！」（→よかった話）
「すごいじゃない」
「でも、当たったのがお米10キロ。電車で持って帰ったんだけど、めちゃくちゃ重かったよ」（→悪かった話に）

〈悪かった話〉

「昨日、帰りに電車止まっちゃって」(↓悪かった話)

「大変だったね」

「もう動かないからいいや、と思って、止まった駅で飲みに行っちゃったんだけど、結構、あの駅いい店あるんだ。今度、一緒に行かない?」(↓よかった話)

仲がいいと愚痴にもなりますが、「愚痴」にもおもしろく話すポイントがあります。

1つは、具体的に詳細を話すこと。描写するような言い方で、相手を話に引き込みます。もう1つは、ちょっと高度ですが、やっぱりオチがあるといいですよね。オチを見つけるのは難しいという方もいるかと思いますが、でも簡単な方法があります。愚痴から、最後に話を「転換」するのです。

〈普通の人の例〉

「上司が、お土産でいつもたいしておいしくもないお菓子を大量に買ってくるの。私が会社で配るんだけど、みんな閉口して誰も手を伸ばさないいんだ。なんだか、私が責められてるみたいな気がしてきた」

〈気がきく人の例〉

「変な服ばかり着る上司がいるんだけど、お土産もセンスがないんだよね。いつもたいしておいしくもないお菓子を大量に買ってくるの。私が会社で配るんだけど、みんな閉口して誰も手を伸ばさないんだ。なんだか、私が責められてるみたいな気がしてきた。でも、たまに買ってこないと『なんで？』って寂しい気持ちになるんだよね」

気がきく人は、まず上司のキャラクターの説明をします。仲がいい人との雑談なら、少々の説明は聞いてくれるから、具体的な設定も興味をもって聞けるでしょう。そして最後に、「たまに買ってこないと『なんで？』って寂しい気持ちになる」と言っています。

あれ？　実は結構気に入ってたんじゃない？　「ただの愚痴」だと思いきや、違った視点が出てきます。こういうちょっとしたオチがあると、愚痴もおもしろくなります。

ポイント
知っている仲だからこそディテールを話す

〈友人と雑談〉
「地味にハマっている」ことの話をする

長い付き合いだからこそ、「会話がない」みたいなことって起こりますよね。

そんなときこそ、「地味にハマっていること」の話の出番です。


「実は、最近、『柿の種』を食べると止まらなくなってしまって。もう『柿の種』ばっかり食べちゃって」

から始めて、

「『柿の種』って、わさびとか、いろんな種類あるの知ってる?」

「でも、わさび味は、ちょっと分量が少ないの。『同じ値段だな』と思ってるかもしれないけど、きっとわさびの分、分量が少ないんだよ」

「『柿の種』をさ、どういうふうに食べる? やっぱり人によって個性があるんだよ。きっちり、あられとピーナッツを交互に食べるとかね」

こういう、ほんとにどうでもいい話ができるのって、やっぱり、馴染んだ人との会話ならではです。

でもこういう話って、日常の「どうでもいいこと」に対して鋭敏でないと出てこないものなんです。「最近ネットでよく見かけるあれは何だろう」とか、「最近、ペプシについているおまけが気になる」とか。

普段の生活で、ちょっと気になったことを頭の中やスマホなんかにメモしておくといいと思います。

ポイント
旧知の仲だから「どうでもいい話」で盛り上がれる

〈職場で愛されるコツ〉
上にはツッコんで、下にはボケる

会社で愛されるコツは、「上にはツッコんで、下にはボケる」だと思っています。

上司に「コイツ気のきいたやつだな」と思われたいのであれば、ある程度ヤンチャを装うことが必要です。会社なら、「言いたいことを言う」っていうスタンスですね。

例えば上司が、「最近、うまくいかない」と言ったときに、「ゴルフのお話ですか？ 夫婦関係のお話ですか？」と、ぱっと返せるか。そこで、「それは言うなよ」みたいに明るく言える上司ならいいんですが、ムッとされると終わりですよね。上司のタイプは見極めないといけません。

ただ、1つ言えるのは、**上からかわいがられる人っていうのは、基本的には、「ものを言う人」なんです。**

しかも、「ものを言う部下」をかわいがる上司というのは、能力がある人であることが多く、おべんちゃらを言う部下ばっかりをかわいがる上司というのは、基本的には能力がないんです（まあ、そういう人が出世する場合が多いのは確かなんですが……。でも、いいんですか？　ずっと、おべんちゃらを言って会社人生が終わっても。出世したって55歳か60歳で終わるんだから、少なくとも、おもしろいほうがいいじゃないですか）。

一度「気がきいている」スタンスをとったら、仕事やプライベートにそのスタンスが波及します。逆に仕事で「おべんちゃらばっかり言って耐える」というふうになると、他のところでも「気のきいた人間」にはなれません。そのまま「耐える人生」です。

できる上司としても、ある程度場を読んだうえで、ツッコミを入れたり、「僕はこうだと思います」と自分の意見を言ったりできる人は「おもしろい」ですよね。「あの人はおもしろいから」って、どこかで抜擢してくれる可能性だってあるわけです。

組織とか上司との折り合いとかいろいろなことはあると思いますが、自分の意見を言おうとする人って、誰かが必ず見ていてくれると思います。

ポイント

笑って許す人かどうかで、上司の力量もわかる

〈上司・先輩と話す〉

「でも、○○じゃないですか」の肯定＋ツッコミで、愛される

上司と話すときは、僕はツッコミ役に徹します。

たいていの場合、ボケても、上司はツッコんでくれません。

だから、上司と会話をしているときは、「それ、こういうことですよね」「それは、こうじゃないですか」と、こちらからツッコんでいくのです。

上司としては、たてつかない範囲で、自分に意見を言ってくれたりして、積極的に話してくれる部下のほうがかわいく見えるものです（上の立場になってみるとわかるのですが、自分は部下に信頼されているのか、嫌われていないかということは、結構気になるものなんです）。

また、上手にツッコむことができると、自分の鋭さや観察眼をアピールできます。

では、どうしたら気のきいた会話になるか。

この2つの会話を見てください。

〈A〉

上司「僕なんか、もう年だから、仕事しんどいんだよね」

部下「そんなことないですよ」

〈B〉

上司「僕なんか、もう年だから、仕事しんどいんだよね」

部下「でも、そのわりに徹夜したりしていますよね」

ぼやいているときの上司は、自分がぼやいたことと反対のことを言ってほしいものです。

「いや、やっぱり課長はすごいですよ」と言ってもらって、自信をもちたいわけです。

確かに〈A〉は、上司のぼやきについて「そんなことないですよ」と反対して、いたわりの気持ちを見せていますが、これでは盛り上がらないし、気がきく人とは思ってもらえません。

一方、〈B〉はどうでしょうか？　少し具体的な話が入っています。相手は「確かに残業もしているな」と自分の頑張りをあらためて感じられるので、納得感が違ってきます。

さらに、こんなふうにするとどうでしょう。

〈気のきいた会話〉

上司「僕なんか、もう年だから、仕事しんどいんだよね」

部下「でも、夜は元気ですよね」

これ、仕事の話から「夜」に視点をずらしています。いろんな意味を含んでいるので、想像する余白ができ、笑いが起きます。

近くで聞いている人がいれば、「仕事はともかく、夜は元気なんだ」と思いますよね。言われた当人も思わず苦笑すると思います。

ちょっとずらしておもしろくなる答え方は、他にもいろいろできます。

〈例〉

上司「〇〇専務には、嫌われてるんだよ」

部下「でも、受付の△△さんは、課長のことかっこいい、って言ってましたよ」

上司「最近仕事がうまくいかなくて」

部下「でも、奥さんきれいじゃないですか」

ストレートに返すのであれば「そんなことないですよ」という言葉でしょうが、それをそのまま返すのではつまらない。「嫌われている」と言われたら、逆にその人のことを「好意的」に思っている人を思い出して、言ってみます。ちょっと言葉を言い換えると、おもしろさが出てきます。

●「でも＋肯定」で延々と話が続けられる

頭に入れておきたいのは、常に「でも＋肯定」ということです。これを「『でも○○じゃないですか』理論」と名づけます。これは応用がきくうえに、話をどんどん進められます。

〈例〉

先輩「異動した部署なんだけど、みんな文句ばっかり言っていて、私まで気持ちが暗くなっちゃうんだよね」

部下「わかります（共感）。○○さんはいつも前向きですからね。でも、よいこともあるんじゃないですか（でも＋肯定）」

先輩「確かに今一番伸びている部署ではあるんだけど、仕事量は倍になったよ」

部下「大変ですよね（共感）。でも先輩は仕事が速いから（でも＋肯定）」

先輩「異動したばかりで何をどう進めればいいかわからなくて」

部下「そういうときの気持ちわかります（共感）。でも、先輩は新しい仕事でもすぐ成果を出していたじゃないですか（でも＋肯定）」

「でも」は入れていますが、常に相手を「肯定」するのがポイントです。「共感」→「でも」→「肯定」を繰り返すだけで、どんどん話が続きます。

笑いと同時に、もしかしたら評価のポイントも上がるかもしれません。

ポイント

ぼやいている上司・先輩は、その「反対のこと」を言ってほしい

〈部下・後輩〉

より大きな失敗を話す「MORE失敗理論」

前述の「上にはツッコんで、下にはボケる」の話でいうと、「後輩と話すときはボケ役に回る」が正解です。つまり、失敗談を話すということです。

例えば、後輩から企画が通らない、という相談をされたら、「オレ、新人のとき、NHK入っていきなり『ハードロックナイト』をやりたいって企画会議で言ったら、大笑いされたよ。それよりマシだよ」

という話をします。

より大きな失敗を語って励ますと同時に、共感を得る。「MORE失敗理論」です。

上の立場の人って、やたら説教したがったり、自分がいかに困難を乗り越えたかを話したりするじゃないですか。

でも、説教なんて聞きたくないし、自分がどう克服したかという話を最初から始めても、後輩にとっては、「自分にはそんなことはできないな」と自信を失わせるきっかけになることもあります。だからこそ失敗談です。

例えば、後輩が悩み相談に来たとします。

後輩「お客さんに企画書を見せたんですが、なかなかわかってもらえないんです」
先輩「オレなんか、こんなの企画書じゃないって、その場で投げつけられたよ。それに比べたらマシだよー」
後輩「え、先輩もそんなことがあったんですか！」

自分が同世代だったときのことを話すのも有効です。

先輩「オレも、○○くらいのころは、失敗ばっかりだったよ。それに比べたら、いいほうだと思うよ」

こうすると相手は明るい気持ちになるので、後輩との距離も縮まります。その後、後輩に「で、実際にどう感じてるの？」と話を聞いていけばよいと思います。部下や後輩は上の人に遠慮しているものなんです。こちらから聞いてあげたほうが、必要な話もしやすいと思います。

やってはいけないのは、「お前はこうだから、こうすべきだ」というものの言い方。よく見かけますが、そんな話は聞きたくないんです。言うなら「お前は」よりも「僕は（私は）」です。

●説教の後は「プライベート」の話で上書きをする

でも、本当に説教をしないといけないこともありますね。

もちろん、必要なことはきちんと言います。で、その後気づまりな感じのときに、

「最近、ゴルフ行ってる？」

「で、最近、彼女（彼）はどうなのよ」

と、プライベートの話をします。

ほかにも、家族がいる人なら、

「奥さん（だんなさん）とは最近どう？」

「お子さんは元気なの？」

などと言って、それまでの流れを上書きしてしまいます。


プライベートの話を聞くのって、「あなたに関心をもっていますよ」というサインでもありますよね。仕事では失敗したかもしれないけど、あなた自身について否定しているわけではないというメッセージになるんです。


それに、そういう話ができる上司って、おもしろいと思いませんか。

部下や後輩からツッコまれる隙を残しておくのが、コツです。

ポイント
部下・後輩は説教を聞きたくない。自信を取り戻したい

〈会議〉会社でできることの中で、おもしろいことを考える

会議でユニークな人だと思ってもらおうとして、多くの人が間違っていることがあります。それは、他社ではやっているのに自社でやっていないことを言えば、ユニークな人だと思ってもらえるのではないか、ということです。

でも、たいてい、そんな企画は通りません。結局、会社の悪口を言って終わりになります。「あの会社ではあんなことをやっているのに、ウチの会社はわかってない」って。

NHKでもそういう人はいます。「『ロンドンハーツ』みたいなことがやりたい」って言って、結局、民放でやっているからと却下されます。『ロンドンハーツ』がやりたいなら、その局に行けばいいし、そもそもあるものをやってどうするんだろうって思います。

おもしろい仕事をする人がやっていることって、

①誰にも理解されないかもしれないけれど、まずは異質なものをポンとぶつける

②後は、みんながわかりやすいものとつなげてあげる

ということだけなのだと思います。

会社から見て異質なものは、なかなか受け入れられないかもしれません。でも、自分がやりたいと思うならば、それを会社にも受け入れられるかたちでもってくると、外から見ていておもしろくなるんです。

例えば、先ほどの『ロンドンハーツ』の話だって、それをそのままやってはただの二番煎じです。自社なりの味つけをすることで、自社にも受け入れられますし、外から見ても新鮮に映るわけです。

●提案では「ウケ」は狙わない

肝心なのは、公の場で、自分が思っていることを言えるかどうかです。

恋愛でも雑談でもそうですが、基本的に自分が思っていることを素直に言えるかどうかが共感される分岐点です。

そのとき、決して、「こんなふうに言ったら、周りの人にウケるだろう」と思って言わないこと。そこでウケないと提案はボツにされてしまいますし、せっかく自分で見つけたおもしろい点を伝えなければ、そもそも提案をする意味はないのだと思います。素直な気持ちで「自分がおもしろい」と感じているかどうか、そしてそれを伝えられるかどうかが肝心です。

例えば、ドラマの企画会議があったとします。

まず簡潔に設定（フリ）を伝えます。

「43年間、関東近辺の洞窟でサバイバル生活を送った男の物語です」

あまりにとっぴな話に、聞き手はみんな、「?」マーク。

次に自分が感じたおもしろさを伝えます。

「とはいえずっと1人じゃないんです。13歳で家出すると飼い犬が追いかけてきて、イノシシを捕ったり、『養子にならないか?』と農家の夫婦との交流があったり、初恋があったり、ヤクザとケンカしたり、偉人とは違った波瀾万丈さは、おもしろいと思います」

具体的な話で、自分がおもしろいと思ったポイントを列挙していきます。そして最後に締めくくります。

「これは現代の話です。命が軽く見られる時代に、生にしがみついた男の物語は勇気を与えます。ウチでしかやれない骨太な企画です。やらせてください」

ストレートな言葉の連続です。なんのてらいもなくやりたい気持ちを伝えます。でも、このほうが「やりたいこと」は伝わります。


ウケるとは、笑うだけではありません。おもしろい、気がきいていると感じてもらうことです。素直で情熱あふれる言葉は、相手に届きます。その企画が通らなくても、相手にいい印象を与えます。

とっぴな企画の場合、恥ずかしくて、自分が思っていることをストレートに伝えられないこともあるかもしれません。でも、この恥ずかしさは、自己のプライドを守っているに過ぎません。

僕もかっこつけで照れ屋なので、いつも自分と闘いながら、恥を覚悟で「言い切って」

います。

そして最後に必ず、「自社でやる意義」や「自社ならではの工夫」について触れます。

会社の中にいると、その世界の決まりに押し込められてしまうものですが、誰だって、本当は新しいものが欲しいんです。「どうしたら自社らしいか」というところを押さえれば、むしろ期待をもってくれることでしょう。

なお、まったく新しいものであれば、最後に「挑戦しましょう」と、会議にいる人たちを誘うように言いましょう。

そのとき、くれぐれも「みんなで挑戦しましょう」とは言わないこと。相手が何もしていないってことを言外に言ってしまっていますし、「なんで、オレが」って思う人は、絶対いますから。

ポイント
本当はみんな「新しいこと」をやりたがっている

〈会議〉
相手のアイデアを認めると、不思議と「デキる人」になれる

プレゼンも含めて会議は、みんなが何をおもしろいと思っているのかを見つける作業でもあります。

自分が提案する立場であると、人に何を言われるかと戦々恐々としているかもしれませんが、逆に出てきた意見や反論を抽出して新たなアイデアとして見せてあげると「おもしろい」と思われます。

例えば会議で、

「このデザインでは、若い女性には手に取られないんじゃないの？」

「そうですね。では、若い女性に人気のイラストレーターさんに、パッケージのイラスト

をお願いします」

するど、相手は自分のアイデアを受け入れてくれたと喜びますし、「きちんとわかっている人だ」と思ってくれます。

「自分の話を聞いてくれる人はデキる人理論」です。提案した側も、新たな視点が発見できて、よりよいアイデアにできれば、いいですよね。

●上の立場なら、なおさら人の意見を認めてあげる

一方、自分が上の立場にいる場合は、自分が何かを言うのではなく、「みなさんどうですか」とまず人の話を聞くことが大事です。

「私はこんなことがしたいです」
「僕はこう思います」
「こういう方向はどうですか?」

とひとしきり意見が出たら、それらを抽出して、

「だったら、こうしたらどうですか」
とまとめてあげると、それだけで信頼を得られます。

人は、上の人から自分の意見を反対されると、「自分はデキない人と見られてしまうのでは」と、無意識に防御してしまい、冷静な判断力を失ってしまいます。

ですから、信頼されるためには、相手の話をまとめながら、「自分たちの言うことに耳を傾けてくれる人だ」と思われるように、丁寧に話を聞いてください。すると、前述した「自分の話を聞いてくれる人はデキる人理論」で、「この人はデキる人だ」って感じてくれます。

もし、自分の意見が否定されたときは、イラッとしても、反射的に「(そういう考えも)あるかもね」って答えられるように訓練してください。自分が発した言葉に自分の脳が反応し、「あるかも」って検討しはじめるはずです。

自分が上の立場になったときは、「ユニークなことを発言しなきゃ」と気張る必要はありません。どれだけメンバーの力を引き出せるかが勝負です。メンバーそれぞれが自らの力を出せるようにお膳立てするのがリーダーの仕事です。意見を聞く、認めることが何より大切になります。

ポイント

人は、自分の話を聞いてくれた人を「デキる人」と見てくれる

〈お客さんとの会話・接待〉
自己紹介は「ギリギリでけなす」

お客さんに会うときに必ずあるのが、自分について話す場面ですね。
そのとき使えるのが「自虐」です。

〈お客さんから振られた場合〉

お客さん「○○さんの、このサイトを見てコンタクトをとりました」

自分「アクセス数は少ないのに、よく見つけていただきました！」

お客さん「この間の講演を聞いてぜひお願いしたいと思いました」

自分「あの講演、自分ではいい話だったと思うのに、お客さんいなかったですよね～」

〈自分で言う場合〉
「お客様好感度は社内でナンバー1なんですが、お客様との話が楽し過ぎて、彼氏ができないいんですよ」

自分のマイナスに触れるということは、自分を客観的に見ている証拠にもなります。そんな人からは余裕や自信も感じますし、うまくいけば、「飾らない人」として信頼感も得られます。

ただし自虐といっても、あまりにも仕事に影響するものはお勧めしません。

お客さん「この商品について興味があってお電話しました」
営業担当者「いや、あんまり売れてないいんですよね～」
だと、やっぱり売れないいままだと思います。

●お客さんに紹介するときは「褒めておいて、ギリギリでけなす」

時には、自社の人をお客さんに紹介することもありますね。そのとき使えるのは「ギリギリでけなす」という方法です。

褒めておいて、後で他愛のない欠点について触れます。

例えば、

「上司の〇〇です。わが社のエースですが、話だけは長いんですよ」

「先輩の△△です。本当にお世話になっていてすごい人なんですが、ケチで1回もおごってくれたことはありません」

「後輩の××です。頑張ってるんですが、たまに空回りするんだよね（笑）」

など。

一度褒めているのだから、相手は嬉しいはずです。でも褒められて嬉しい一方、ちょっと気恥ずかしさも感じていれば、ほっとすると思います。何より、社内の空気のよさも相手に伝わりますよね。

「ギリギリでけなす」は、自己紹介にも使えます。

「新人の□□です。仕事も頑張ってますが、婚活も頑張ってます」

仕事を頑張っていることを伝えるだけだと「きれいごと」。それだと、やっぱりつまらないし、印象に残りません。だから、それ以外のところにさらっと触れるんです。


大事なのはきれいごとで終わらせないってことです。

まじめな人って、瞬間的に相手の反応を恐れてしまうと思うんです。こう言ったら、相手になんて思われるだろうって。でも、それだと、どんどん話はつまらなくなります。

だったら、失敗しても、思っていることを言ってしまうこと。

そのためには、いつでも「きれいごとで終わらせない」って思っていることです。

女性でも、
男性「○○ちゃんってかわいいね」
女性「でも、部屋は汚いんです」（自虐）

男性「え、どのくらい汚いの？」

　ってもし相手が聞いてきて、その相手が実は結構気に入っている人だったら、
女性「来ます？」

　って言ったらいいと思います。

　もし来たとしても、すでに汚いって言っているんだから、そんなに気を使わなくて済みますよね。


　容姿とか話し方とかにコンプレックスをもっていて、自分の話をする勇気が出ない人もいると思いますが、「きれいごとで終わらせない」ほうが人から好かれると思っていたら、結構言いたいことを言えると思いますよ。

ポイント
「きれいごとで終わらない」話は、人から関心をもたれる

〈お客さんとの会話・接待〉
偉い人にほど「余計な話」をしよう

偉い人、ひとかどの人物に何かを依頼したいというときは、どれだけ余計なことを言えるかどうかが勝負です。

部屋にゴルフの優勝カップがあったら、「ゴルフをよくなさるんですか。今はいい時期ですよね」とか、歴史小説が多ければ、「歴史小説を読まれるんですか。歴史上の人物で誰が好きですか」などといった話に触れることが大事だと思います。

営業の方の中には、「では、さっそく商品の説明をさせていただきます」と、説明を始めてしまう人もいます。でも、自分に置き換えて考えてみてください。いきなり話しはじめたその話を聞こうと思いますか？

人間は潜在的に、説得されることを拒否する習性があります。だから、まず、「相手が自分の話を聞きたくなるような場」をつくることが大事です。

そのためには、「あなたに関心をもっています」という態度をまず示すこと。それを伝えるためにも、「相手に質問をする」ことが大事なんです。

営業向けの本には「自分を売り込め」ということがよく書いてありますが、相手が「聞きたい気持ち」になっていなければ、まず聞いてくれません。相手の話（できれば相手が一番話したいと思っている話）を聞くことで、やっと「こういう人がもってきた話とは、どういうものだろう」という気になって、聞いてくれるんです。

事前に相手のことを調べるのは基本中の基本。それで話がはずめば、あなた自身に好意をもってくれます。

ポイント

話を聞いてほしければ、先に相手が自分の話を聞きたくなる場をつくる

〈嬉しい指名を受けた場合〉「自分から言ったんじゃないですからね」の一言で場が和む

その人の他愛ない本音や本心が見えたとき、思わず笑ってしまうことがあります。しかめっつらをした部長が意外とスイーツ好きだったり、いつも真剣な表情で仕事をしている人が、結構ボケたことをしていたり、知らなかったその人の一面が見えるのは、新たな発見にもつながります。

これを応用することで、敵をつくらず、目的を達成できます。

例えば、社内報などで、所属していたグループが表彰されたことが掲載されるとします。通常はグループ長だけ名前が掲載されるところ、グループ長から「君の名前も載せてもらったら」と言われたとしたら、どうしますか？

本心では、自分の名前も載せてほしいところですが、それだと出しゃばっているように見えないかな、と迷いませんか？

そんなときは、迷わず
「お願いします。でも、自分から載せてほしいと言ったんじゃないですからね」

と、その迷いの気持ちも一緒に口にしてみてください。そして続けます。

「そこだけははっきりしておきたい」

これで笑いが起きます。載せてほしいけど、自分から言うのは恥ずかしいという本音が、この一言に垣間見えて、周囲の人は微笑ましい気持ちになります。そして、周囲の人から温かい気持ちで見守られながら、自分の目的を達することができます。

本心を話すと、ただのわがまま。

遠慮をすると、せっかくのチャンスをつかみ損ねることもあります。

「やりたいけれど、角が立つと困る」「こうしたいけど、ケチをつけられそう」などと思ったら、勇気をもってその本心を付け加えると、すべてうまくいきます。

ポイント
遠慮するくらいなら、その迷いの気持ちを言ってしまおう

〈合コン〉
勝負は「ツッコミ」より「ケア」で決まる

合コンで、一見おもしろいと思われそうな人は、「ツッコミ」ができる人です。合コンはみんなが盛り上がろうとしている場なので、笑いがとれる「ツッコミ」は目立ちます。しかしこれは落とし穴です。その場ではみんな笑っていますが、結構相手を傷つけている場合があります。例えば、

女性「合コン毎週やってます。ＩＴ企業の社長とか野球選手とか」
男性「そんなにやって、いい男いないの？」（ツッコミ）

この男性のツッコミはやっかみが入っていますね。一見、遊び人に見える女性をからかっているように見えますが、女性から見れば、「そんなにモテないの」って指摘されてい

るように聞こえます。こういったことって盛り上がっていると見逃しがちです。

こんな一言が出ては、それまで場を盛り上げて人気者になっても、成果ゼロになってしまいます。


実は、合コンで最も大事なのは、「ツッコミ」より「ケア」です。

例えば、あまり話に入っていない人に話を振ってあげるとか、空いたグラスに気づくとか、表の会話以外のところが決め手になります。

これは合コンだけでなく、職場でも同じです。人望を得るか得ないかは、さりげない「ケア」にかかっています。

落ち込んでいる人に、「何かあったの？」とさりげなく聞く。コピーをとってもらったら必ず「ありがとう」と言う。おもしろい人、気がきいた人になるためには、前提として好ましい人格と思われていないと、ダメなんです。ここでも、周りが見えているか、相手の気持ちを考えているかが大事です。

それに、あまり話していない人に振ってあげることで、意外に話がおもしろくなることもあります。例えば、「みんな、ちょっと待って。○○さんにも聞いてみようよ、ねえ、○○さんどう思う？」と振ったときに、その人がぼそっと言った一言は笑いになりやすいんです。

「ねえ、○○さんは、東京と大阪どっちがいいと思う？」
「いや、私は名古屋派です」

話に入っていなかっただけあって、客観的というか、ちょっと違う視点で返ってきたりすることが意外に多いんですね。

ふざけて笑ったりして自分をアピールしている人は、決して「気のきいた人」にはなれません。みんな躁状態だから笑っているけど、後から「あの人いいよね」とはならないと思います。

こういう場って、やっぱり異性から「あの人いいね」って思ってもらいたいわけですよね。

周りの人に気を配って話の輪に入れてあげたり、相手の話に上手にツッコんだり、飲み物を頼んでくれるとか細やかな配慮をしてくれるとか、みんな、そういうところを見てて、「あの人いいよね」と言っているんです。

だから、必ずしも「おもしろければいい」というものではありません。間違えてはいけないところだと思います。

ポイント

合コンで大事なのは、自分の目的を見失わないこと

〈婚活〉
「好き」から始まる恋愛法則

最近の婚活パーティでは、「何を話していいのかわからない人」のためにお題を用意しておくところもあると聞きました。それだけ雑談が苦手な人が増えているんだろうなと思います。もっとも、ベルトコンベア式の婚活パーティの場合、雑談どころではないのかもしれませんが……。

男性にとって婚活パーティで大切なことって、まずは「あなたのことに興味があります」ということを伝えることに尽きるのではないかと思います。

誰かから紹介されて付き合うときは、「この人楽しい人だな」とか、そういうところから始まりますが、婚活パーティってある種、マックスから始まるわけですよね。どっちも「付き合いたい」という気持ちをもって参加しているわけですから。

だから、女性にとっては「相手が自分をどう考えているのか知りたい」というのが、最大の興味なのだと思います。

だったら、気に入った人がいたら「あなたのことを気に入っています」と言ったほうがいいでしょう。もし恥ずかしかったら、「最初からこんなことを言うのもなんなんですけど、すごく素敵だなあと思いました」ではいかがでしょう。

そう言われたら、女性は「この人は私に興味あるんだ」って好ましい気持ちをもって話を聞いてくれます。結果「(私のことに興味をもってくれた)この人はどんな人だろう」と興味をもってくれると思いますから、そこで初めて、自分のアピールをすればいいのです。

ただし、次に会うときは、徹底して彼女の話を聞いてください。初回で「自分に興味をもってくれた人だ」と思っていたのに、自分の話ばかりをしていると、「結局、自分の話しかしない人」という印象を与えてしまいます。

●ただ「ごはんをおごってくれる人」で終わらないために

この年にして初めて知ったのですが、女性は「好意をもってくれた」ことに対して、好意をもつことも多いのだそうです（↑イマサラ）。最初に「興味をもっています」というアプローチをしないと、ほとんど状況は変わらない。逆に言えば、意思表示をしないまま付き合っていても、ただの「ごはんをおごってくれる人」で止まってしまうわけです。

それに「好き」と伝えて、たとえフラれたとしても、もともと友達のような間柄であれば、「好き」と言ってくれた分の好印象がプラスされて、「友達以上」のポジションになれたりします（そういう僕も、なかなか言えないのですけれど……）。

ただ単に一緒に食事をするよりも、「僕はあなたのことを気に入っています」と言った後に一緒に食事をするときのほうが、女性のテンションは高いと思います。それを言わずに、友達から始めようと思って何回か食事にばかり誘っていると、「お友達認定」されたのかと、3回を過ぎたころからガクンとテンションが落ちます。雰囲気も気怠くなってきます……。

さて、女性の場合はどうでしょう。男性の立場とすれば、「好き」と言われたら嬉しい半面、重い気がする人もいると思います。女性が愛されたい生き物なら、男性は認められたい生き物です。ならば一番は、褒めること。褒めてくれると、ああこの人は、僕にとって必要な人だと（僕も）思ってしまいます。

まとめます。

男性から女性は「好き or 興味あります」を明確に。
女性から男性は「すごい or さすがですね」を頻繁に。

これが外さないコツだと思います。

ポイント

男性は「好き」から始めて、反応を見る。
女性は「すごい」から始めて、反応を見る

〈デート〉

愛の告白より、緊張を告白せよ

誰でも初めてのデートのときって、緊張しますよね。

でも、緊張すれば緊張するほど、突然の「沈黙」が襲ってくるものです。

そんなとき、慌ててどうでもいい会話を繰り返してしらけさせたり、自分の緊張を棚に上げて「緊張してない？」と相手に言って、よりぎこちない空気にしてしまう人がいます。

こういうとき、ごまかすのは最悪です。開き直って、自分の緊張を素直に伝えましょう。

「ごめん、なんか2人きりになると緊張しちゃって、沈黙しちゃったね」

相手も沈黙は嫌なものですが、言ってもらえるとリラックスします。それに「2人きりになると緊張して」なんて言われて、嫌な感じはしないじゃないですか。「君のことを見ていると、ドキドキしちゃうんだ」ということを言外に言っていますよね。

いっそのこと、意図的に沈黙をつくってもいいくらいだと思います。

かっこつけていいことはありません。

たまに「昔付き合っていた人はこういう人で」と、モテる自慢をする人がいますが、まったくなんの効果も発揮しません。

●こんなピンチも素直に言うことで乗り切れる

なお、これは男性向けですが、「立たない」ときも、「昨日飲み過ぎて」とか「最近仕事が忙しかったから疲れてるかも」などと言わないほうがいいです。

こう言うと女性は、「自分の魅力」と「疲れている」を比較して考えます。「私ってそんなに魅力ないのね」と感じます。男性はかっこつけて「仕事が忙しくて」と言ったものの、その言葉を受けた女性はまったく違うことを考えているんです。

だったら、「○○ちゃんを前にしたら、緊張しちゃって」と、素直に気持ちを吐露しましょう。そんな素直な言葉に、女性は笑うと思います。だって、そんなときに、こんなことを言う人はいないでしょう。自分の魅力も認めてくれているわけです。嬉しさから笑うことだってあるんです。

こういう場でも笑いって必要だと思います。

女性はリラックスしたいと思っていますが、男性は何かを成し遂げないといけない、という緊張感があるんですね。だから、しゃべらなかったり、もしくはしゃべるとムードが壊れるかもなんて思ったりするから、つまらないものになったりするんです。

相手のリラックスしたい、という気持ちを優先するなら、こういうときこそ「笑い」を交えて楽しみましょう。

いずれにせよ、緊張を伝えるってことは、「愛してる」などと言わなくても、自分の気持ちを伝えているってことになりますから、フル活用してください。

ポイント

「緊張」を伝えることで、場はほぐれる

〈デート・接待〉
食べログでは「ランキング」よりも「コメント」をチェック

接待やデートで行くお店を、「食べログ」などのランキングサイトで調べたりすることもあると思いますが、このとき「ランキング」だけに目を奪われてはいけません。
数字よりも、そのお店に書かれている口コミの内容やお店の紹介などを見ておいたほうが、話もはずみます。

次のAとBを比べてみてください。

A
「このお店、食べログで1位だったんだ」
「このお店、テレビで紹介されてたんだ」

B 「このお店、銀座の有名店のシェフが独立してつくったんだって」
「このトンカツ屋さんの豚肉はレアで出すらしいよ」

Aの場合は、いずれも「へえ」で終わりますよね。どこかで紹介されたとか、1位だったという情報は、論理的には「すごい」ということはわかりますが、心には響かないものなんです。ひどいときは「紹介されてたからといって、たいしたことないね」などと終わることもあります。

Bの場合はどうでしょうか。「あのお店のシェフだから、さぞかしおいしい料理が出るのだろう」という期待感や、「豚肉をレアで出すなんて、他のお店の調理方法と何が違うんだろうね」といった関心が生まれますよね。

ここから会話もはずむし、お店への期待感も増すんです。

料理を出されたときも、「わ、本当にレアだ。お肉も赤いんだ」と、あらためて発見ができますし、「このお店で出すお肉は無菌で飼育された豚で、処理後は空輸して急いで調理をすることで、レアにできるんですよ」という裏話もできます。こういう話から、そのお店に行ったことが特別なことに感じられるんです。料理もおいしく感じられます。

お店のチェックをするなら、そのお店の点数ではなく、「なぜ、その点数なのか」がポイントです。ただ「おいしいお店に行く」という以上の経験になります。

また、お店に行くなら、他とは違うお店を探すのも話題が増えるきっかけになります。

例えば、

「お料理につける岩塩が10種類ある」

「銀座の天ぷらの名店なんだけど、揚げているようには見えないほど衣が薄い」

など、その店ならではの特徴があれば、話題になって盛り上がりますし、特別な感じにつながります。

仕事ではないのですから、数字は盛り上がりません。数字の裏にある理由を話のネタにしましょう。

ポイント

「数字」ではなく「理由」が話をはずませる

〈デート・宴会〉
話題は『ａｎａｎ』で見つける

ほぼ確実に話を盛り上げられる会話のネタをどこで見つけるか。基本は、『ａｎａｎ』で特集しているものがいいでしょう。

代表的なものを３つ挙げます。

◎ダイエット

ダイエット、健康はみんなが関心をもつテーマです。

実は僕も98キロから現在68キロまで痩せました（実話）、と言ったらいかがですか？「どうやって痩せたの？」って聞きたくなりませんか？

実際、りんごダイエットや炭水化物ダイエットなどさまざまな方法がありますから、「自分は何を試したことがある」「本当に効果があるの？」などと話は広がります。

で、僕が成功したダイエットとは……。また、いつかの機会に。

◎**占い**

その場でできる手相や性格診断のアプリを活用するのはもちろん、占いで見てもらった話も盛り上がります。その人の意外な一面がわかるので、おもしろいのですね。

また、当たる当たらないというだけでなく、「興味はあるけどなかなか足を運ばない場所」でもあるため、話のネタとしてとても興味をひきます。

◎**男と女**

もう永遠のテーマです。

ただし、「やっぱり理解できない」というところで話が終わるとつまらない。それを防ぐためには男女の違いを表すネタ本を読んでおくといいでしょう。

僕のお勧めは、『女が男を厳しく選ぶ理由』（アラン・S・ミラー／サトシ・カナザワ（著）、伊藤和子（訳）阪急コミュニケーションズ）です。これは名著です。これ1冊で相当なネタになります。

例えば、「一夫一婦制は、男のためにある」なんていうのは、意外じゃないですか？

ここで大事なのは、「だから女性は〜〜」とか、「男性はこうで、女性はこうだ」などと、自分の視点から話さないことです。文化人類学的なこと、社会学的なことを絡めて話すと、知的に見えるし、抵抗感なく受け入れてもらえます。

ポイント

「ダイエット」「占い」「男と女」の雑談ネタは盛り上がる

〈デート・宴会〉
男性は褒める、女性は「カワイイ」を見つける

相手との距離が縮まらない場合は褒めること。「太鼓もち」から始めましょう。

まずは相手を観察します。靴や時計、かばんから見ていきます。

男性だと特に時計にその人の嗜好が出ます。

いい時計なら儲けもの。「いい時計ですね」って話してみてください。時計は、初任給で買ったとか父親から譲り受けたとか、結婚の記念で買ったなど人生のイベントが絡んでいることが多いもの。その先にはドラマがあり、ドラマがあると雑談が盛り上がります。

「どんなお父さんだったんですか？」

などと、プライベートにたやすく踏み込むことができます。

女性の場合は、とにかく「カワイイ」ものを見つけることを心がけます。ここで注意です。自分がカワイイと感じるものではありませんよ。相手が、カワイイと感じてるモノ・コトでなければなりません。その傾向が一番出るのはバッグです。ほとんどの女性がこだわっていますから。

整理すると、以下になります。

男性↓「いい○○ですね」理論

女性↓「カワイイですね」理論

話をおもしろくしようとだけ考えると、それだけで頭がいっぱいになって、結局本当の目的を果たせなかったりします。目的とは何か。きっと、相手にいい印象を与えることだったり、相手との人間関係をよくする、といったことですよね。

だったら「褒める」ことも、相手に喜んでもらう手段の1つです。

ポイント

男性は時計、女性はバッグに注目する

〈場が静まった〉ツッコミはすぐに、スカシは１拍おいて

ワーッと盛り上がっているときに、何か一言を言ったら、場がシーンとしてしまった。かなり気まずいものです。

その場をなんとかしようと、あわてて元の会話に何か付け足そうとしたり、反応してみたりしても、もはや手遅れです。

そんなときは、一瞬間をおいて「ま、それはそれとして」って言ってみてください。その瞬間に、笑いが起きたりします。

こういうのを「スカす」と言います。

みんな「気まずいな」と思っているんです。でも、どうしていいかわからない。そこを「ま、それはそれとして」と、次に進めてくれる人がいると、ほっとするんです。だから「笑い」が起こるんですね。

なお、「ま、それはそれとして」を言うときは、くれぐれもあわてないように。「間があったな」ってことを確認してから言ったほうが、みんなの「気まずい雰囲気」というフリができるので、ウケやすくなります。

ツッコミは早めに入れる

一方、すぐに「それはないでしょう」みたいなツッコミに入ったほうがいいこともあります。こちらはすぐ言います。

誰かが何かを言って、シーンとしそうな空気が出る前にすかさず言うことで、その後、場が盛り下がるのを防ぐことができます。

ポイント
沈黙から脱する一言がその場を救う

〈思いがけないアクシデント〉
「まさか！」の一言で場を救う

友達とご飯を食べようと思ったのに店が見つからない、みんなでドライブをしているときに渋滞にあった、など思いがけないアクシデントはあるものです。「まさか、こんなところで……」と、みんなぶつけようのないイライラを抱えています。

こういうときは、積極的に、その「まさか」を言ってあげるといいと思います。

例えば、

（お店がたくさんある表参道。平日なのに、入る店を見つけられない）

「まさかの難民！」

（スキーに行ったのに、雪がない）

「まさかの朝から温泉三昧！」

予定通りに物事が進まない場合、「言い出した人」や主催者は、申し訳ない気持ちでいっぱいになっていると思います。そこをあえて明るくふるまうことで主催した人もほっとします。また、別の視点をみんなに見せることができたら、場も和むでしょう。

ちなみに、「まさかの難民」というフレーズも、第3章でお話しした「言い換え」で成り立っています。

「表参道みたいに店が多いところで入る店が見つからないなんて信じられない」

⇐

「まさか！」

田舎で店がなければ、「まさか」にもならないし、笑えません。

わかりきったことを言わない

実はこれ、単純に見えて、非常にデリケートに場を読んでいるんです。

まず注意したいのは、「表参道なのに」って、すでにみんながわかっていることを言わないことです。言ってしまうと、「表参道」がその場にいる人の中で意識化されて、「そもそも、なんで表参道に来たんだっけ」と考えることになり、結果、主催者は責められているような気持ちになります。

だから、言うのは「まさか」だけ。

それでも、無意識下では「表参道なのに」って知ってますから、笑えるんです。

こんなふうに、少ないフレーズで相手に言葉を補完してもらうのは、バラエティやドラマでも求められるテクニックです（しかも、非常に高度です）。

例えば、

「私のお兄さんはひどい人で、だから私はこんな性格なんです」

と言うよりも、

「私がこんななのは、兄さんのせいだ」

って言ったほうが伝わりませんか。２つ目のセリフは、「お兄さんはひどい人である」ということには触れていません。でも、このセリフだけで、聞いている人は「兄さんがどんな人であるのか」を補完しているんです。

大切なのは、

・思いがけないアクシデントを「まさか」の一言で覆す
・言わなくてもわかる情報は言わない

ということです。思いがけないアクシデントで盛り下がったときに、その場を救う「お助けフレーズ」になります。

ポイント

その場に気を配ったコメントで、誰もが救われる

〈謝る〉アクションをつけると、気持ちを伝えやすい

謝るときは謝る。「盛り上げる」なんて考えている場合ではありません。

ただし、アクションをつけることで、気持ちはより伝わりやすくなります。頭を下げるとか、身振りで説明するとか、普段よりちょっと大きめのアクションにします。

でも、「アクションをつけなきゃ」といって、頑張ってつけてしまうと、白々しくなります。

やるなら、「心から」です。

僕は、40分間、謝るだけでその場をもたせたことがあります。

大分前のことですが、公開収録の歌番組の途中で電源が落ち、中断するハプニングがありました。会場には３０００人のお客さん。原因は不明。舞台監督だった僕は、なんとか

その場をつながなきゃいけない。そのとき、何をしたかというと、ただ謝っただけなんです。

「すみません」

とまず、頭を下げます。当然、お客さんのリアクションはありません。

「わかります。楽しみにしてきたのに、こんなところでストップしてしまって。こんな謝り方じゃ足りませんよね。では」

と言って土下座します。

「まだダメですか？　あ、こちらのお客様への気持ちが足りない？　では、こちらで」

とまた、頭を下げます。

段々、お客さんの中から笑いが出てきました。

「お客様、どこから来たんですか？　北海道！　そんな遠くから。じゃ、特別に謝っておきます」

なんてことをやりながら、40分。やっと、再開のめどが立ちました。

こちらは申し訳ない気持ちがいっぱいです。「謝る」という動作をしっかり行うことで、その気持ちが伝わります。気持ちがあることで、その動作が生きてきます。

さらにこの場合は、そもそも楽しもうという気持ちで来ているお客さんだったので、「楽しむ」という気持ちを満足させられる謝り方でもあったと思います。もともとのお客さんの気持ちを満たそうという努力も必要でしょう。

「謝ってほしい」という気持ちをもつ相手なら、笑いは交えず、動作を大きくして謝ればいいですし、「自分の話を聞いてほしい」相手なら、まず話を丁重に聞くことが大事でしょう。そのとき、アクションを少し大きくすることで、こちらの気持ちも伝わりやすくなります。

「アクション」をつけるのが難しいと感じるなら、普段の動作をちょっと大きくするだけでも構いません。**言葉だけでなく体を使って伝えることは、とても重要です。いい俳優は顔で演技しません。体全体で演技します。俳優以外の人も同じです。**

ポイント
気持ちを伝えるために、体を動かして表現する

第5章

人前で話すことが自然とラクになるコツ

「スピーチは頑張らない」が基本

人前で話すことが苦手、嫌で嫌で仕方がない、緊張でいつも失敗してしまうといった悩みをよく耳にします。近々行われる結婚式などのスピーチや司会を頼まれていて、気が重いという方もいらっしゃるかもしれません。

しかし、**まず知っておいていただきたいことは、「スピーチは基本的につまらない」ということ。**

つつがなく自分のスピーチが終わったら、むしろ「ああ、つまらなくてよかった」くらいのことを思っていていいのです。

でも、せっかくなら、場を盛り上げたいって思ってますよね。

大丈夫です。手はいろいろとあります。

大切なのは、まず、頑張らないことかなと思います。

頑張って話すと、聞いているほうが緊張します。

すると、笑いたくても笑えないし、おもしろいと思いたくても思えません。緊張感だけが伝わって終わることになります。

だからその場では、「どうせ、みんなつまらないのだし、自分もつまらなくていいか」くらいの気持ちでいたほうが、かえって、みんなに話を聞いてもらえるんです（ただし、場をわきまえないのはいけませんが）。

この章では、人前で話したり、司会をしたりするときのコツをいろいろと紹介していきたいと思います。

うまく話そうとしたり、ドキドキしながら頑張って盛り上げようとしたりするよりも、ずっとラクですし、何より人に喜んでもらうことができますよ。

〈スピーチ〉
見たままを話す勇気！

スピーチでよく間違えるのは、場をわきまえないことです。

スピーチなんですから、公式の場です。はしゃいでいるときとは違います。では、その場で求められていることは何か。こういう場は、形式張っているだけに、リラックスしてもらうことが大事です。

まず、1つの方法としては、「目の前の事実を伝える」ということです。フォーマルな「公の場」こそ、事実や自分の感情を伝えるべきだと思います。

例えば、何かの授賞式に出席したとします。壇上に司会の人がいて、受賞した人にマイクを向けて話を聞いているのですが、会場から見ていると、どうもマイクが近い。話す人は話しづらそうだし、声がくぐもって聞こえる。

そんなとき、あなたの番になったら、こう言ってみてください。

「あ、ちょっとマイク近いですね」って。

会場からは笑いが起こります。

ただ、マイクが近いから「マイクが近いです」って言っただけ。でも、これがコツなんです。

見ていた人は、みんな無意識に気づいているんです。「あの人、マイク近いな」って。

こういう、みんな気づいていたけれど言葉にしていなかったことを見つけたら、即、使います。「あの人マイク近いな～」ということを頭の片隅におきながら壇上に登って、タイミングをみて言葉にします。


他にも、結婚式の司会で、新婦のお父さんが怖い顔をしていたら（本当は喜んでいるんだろうけど、感情が表に出ない人で、ぶすっとしていることはありますよね）、

「あの、新婦のお父様が先ほどから渋い表情をなさっていて、それが気になって僕は食事ものどを通らないんですけれど、大丈夫でしょうか」

と言い、それでお父さんが笑ってくれたら、

「笑っていただいて安心しました」

と言うと、会場も和やかになるわけです。

また、会場に咳が止まらない人がいるような場合も、

「一部咳が止まらない方がいらっしゃいますけれど……大丈夫ですか」

と言ったら、やっぱり笑いが起こります。

そんなことを言うと失礼なのではと思う人もいるかもしれませんが、「咳が止まらない」人は、心の中で申し訳ないと思っているはずなんです。でも、それが笑いになると、その「咳」が場を盛り上げる役割を果たしたことにもなりますよね。すると、「咳をしていた人」は、咳が止まらなくて困っていたときよりも、気持ちがラクになります。

最初に「おもしろい人」と思わせれば、笑いは出やすくなる

なお、この「マイクが近いです」は、壇上に上がってすぐ言うことが大事です。

「マイクが近いです」って言った瞬間に笑いが起きたら、この人はそういうことを言う人間なんだなって、みんなが思います。そうしたら、その後は、言うことが多少過激でも、

ボケても、受け入れられるようになります。

いきなり、何かおもしろい自己紹介をはしゃいでしたとしても、その人が「おもしろい人」であるかどうかわからないうちは、聞いているほうは笑えないものなんです。笑って失礼になっては困りますし、まずは聞いていないので「え、何言ってた？」ってなります。

でも、その場に合わせてちょっとした話を振っておくと、「この人はおもしろい人だ」と気づいてくれますから、何を言ってもおもしろがってくれるんです。

それに、一度笑いが起きると、自分もリラックスして話せるので、言葉が出やすくなります。

まとめると、公の場では、

- **違和感（マイクが近すぎるなど）に気づくかどうか**
- **それを言う勇気があるかどうか**

がポイントです。

違和感に気づく、というのは、場を読むことにもつながります。「今、この場で何が起こっているのか?」「どういう人間関係なのか?」「どういう受け答えをしているのか?」などと、ずっと見ているわけですね。

そして、そこで起こったことを、そのまま言うことで「盛り上がる場」をつくります。

その場にあるもの、起こったことを受けて話すというのは、盛り上がるスピーチの基本でもあります。これができると、その場にいる人たちの興味を引く大きな要素になります。

そのためにも壇上に上がったら、目線をみんなに送ってください。そして、そんなに脈絡はなくてもよいですので、「ここにいる人はこう思ってるだろうな」と思うことを、声に出して言います。例えば、前の人のスピーチが長かったら、「素敵なスピーチをありがとうございました。ちょっと長かったですけど」とか。その程度で構いません。

ただし、あくまで話の枕として話すものなので、決して張り切らないこと。ここでは「笑いをとらなきゃいけない」と思うよりも、ライブ感を出すことが大切です。

ポイント

みんなが思っていることを、代わりに言ってあげる

〈スピーチ〉うまい人ほど「淡々と」言う

スピーチや人前で、「ありのままを言う」「見たままを伝える」ことが「笑い」になることをお伝えしましたが、では、そのときどんな言い方をすればよいのか。

答えは、「淡々と」言うってことです。

事実だからということで、ことさら「マイク近いですよね！」って大げさに言うことは不要です。

「ちょっと、マイクが近いようですけれども」

というように、淡々と言ったほうが場が和むんです。

なぜかというと、目の前で起こった事実は、淡々と言うほうが、全員の感情に近いからです。もし全員がそれに気づいているのであれば、それは周知の事実なんですから、ことさら盛り上げずに、「事実としてこういうことがありました」と淡々と言ったほうがその場に合います。

逆に「自分だけが気づいた」という感情でしゃべってしまうと、しらけてしまいます。だって、みんな知ってるんですから。

スピーチでは、ウケようとすると、みんな「どうもー！」とか言って、大声で張り切って、聞いている人に媚びようという感じで始めがちですが、実際に話がうまい人っていうのは、すごく淡々としゃべっているものなんです。

「うまくいかない人は張り切って入り、うまくいく人は静かに入る」

これがスピーチの基本です。

盛り上がっているときに淡々と言っても無駄に場の空気を崩しますが、公的な場とか、少しフォーマルな場では、「ありのままのことを淡々と言う」というのが、間違いのない方法です。

ポイント

事実は淡々と話したほうが、場が和む

〈スピーチ〉事実の逆を言う「きみまろ話法」

場が和む方法として、綾小路きみまろさんがよくやる話し方をご紹介しましょう。

入ってきて早々、大勢のおばちゃんに向かって
「まあ、今日はお若くておきれいな方たちばかりで～」

これでウケてしまいます。

おばちゃんばっかりなのに。事実じゃないこともわかっているのに。でも、みんな笑うんです。


次の2つを比べてみてください。

A「お美しい若い方ばっかりで～」
B「全員おばちゃんばっかりで～」

恐らく両方笑いは起きますが、その笑いは真逆です。

Aは純粋な笑い、Bは苦笑い。

ごくごくベタなネタですが、前者の「お美しい若い方ばっかりで〜」のほうが、みんなウソとわかっている分、おかしいんですね。


他にも、司会者が緊張のあまり噛んでばかりだったら、

「司会者の方が非常にリラックスされて、まったく噛まないですけれども」

と言うと、笑いが出ます。

噛んでばかりの司会者も、その一言でリラックスして、その後はやりやすくなると思います。喉に引っかかった小骨をとるとすっきりしますよね。こんなふうに誰かがその場で引っかかっているものを、裏返しにして言うことで、焦る気持ちをとってあげてください。


なお、こうして事実と逆の表現をするときも、できるだけ淡々と言ったほうが盛り上がります。そこではしゃいで言ってしまうと、事実よりも、言う人の驚きが前面に出てしま

います。すると、「みんなが知っていた事実」ではなくなってしまい、場がしらけてしまうのです。

話をするなら淡々と。淡々と言っていれば、たとえ盛り上がらなくても、スベったことにすら気づかれないので、ずっと堂々としていられます。

ポイント

事実の逆を言えば、純粋な笑いが生まれる

〈スピーチ〉当たり障りのある話をつくろう

結婚式のスピーチなどで、結婚した友人のよさを伝えるときに、「優しくて」とか、「努力家で」とか、「友達思いで」とか、言いますよね。

でも、そんなことを言っても、まったくウケないですよね？

「優しくて」って言いたいなら、それに合った具体的なエピソードを言うべきです。

例えば、

「彼女と会ったのは大学時代で、私が失恋したときに一晩そばにいて励ましてくれたのが一番の思い出です」

というような具体的な話をすれば「友達思い」と言う必要はありません。でも、そのほうがずっと伝わります。

だから、もしスピーチを考えるとしたら、次の順で行いましょう。

1　相手の長所・特性を大まかに書く

「アクティブな性格だった」「行動力があった」「リーダーシップがあった」「コツコツやるタイプだった」などと挙げていきます。

2　次に、なぜそう思ったか、自分の思い出を探る

「『コツコツやるタイプ』と思ったのは、なぜか？　なんの出来事でそう思ったのか？」「その人からかけられたもので、印象に残っている言葉はなかったか？」といったことを思い出します。

3　締めのメッセージを決める

まとめです。「そういうことでコツコツやるタイプなんで、夫婦生活もコツコツと末永く幸せに続いていくと思います」と言って、最後に「幸せになってください」って締めればOKです。

●話がへたな人は「観念的」に話している

これは、「話すとき」に共通して言えるのですが、話がへたな人というのは、基本的に観念的というか、具体例がないまま話してしまうわけです。
例えば、あるプロジェクトの打ち上げでリーダーが話をします。

A「みなさんに一生懸命やっていただいて、このような素晴らしい結果になりました」

これだと、なんにもピンとこないですよね。
でも、例えば、

B「私がこの商品がイケると思ったのは、駅前の九州料理を出す居酒屋さんで聞いた、○○くんのあの感想でした。それであらためてこの商品の意義を感じ、その後、次々と新し

い お客様に商品のよさを知ってもらうことができ、成功したと思います」

AとBはかなり印象が違いますよね。Aは「自分がその場にいて、どう感じたか」を話していますが、「自分がどう考えたか」を言っているわけじゃないですよね。Bはその逆で、エピソードから見えてくるものがあります。

だから、**スピーチを考えるときは「何を言うか」っていうことを、まずは観念的に書いて、それに付随するエピソードを思い出すのが正解です。**スピーチというと、いきなり文章を書きはじめる人もいますが、それでは当たり障りのない文章になってしまうのは確実です。そこに何か1つ、具体的なエピソードがあるだけで違ってくるのです。

ポイント
みんな「考え」よりも「具体例」を聞きたい

〈スピーチ〉
失敗談を話す

スピーチでも、失敗談を話すのは有効です。もしくは、自虐ですね。

ちなみに自虐は自分でボケて自分でツッコめるので、1人で話すスピーチでは、やりやすい方法です。

だから、スピーチでもう1つ笑いをとりたいと思ったら、「失恋した」とか、「就職活動で失敗した」といった自分の話を入れていくといいですね。


〈例〉

「私が失恋したときに、『○○子は笑ってたほうが素敵なんだから、元気出して、って言ってくれるような優しい彼が絶対見つかるよ。あの人は○○子のよさがわかってないんだよ』と言って励ましてくれました。優しい人だなと思いました」

→自分の失敗談＋相手の美点

さらに、話を盛り上げたいなら、彼女のびっくりするようなエピソードを入れるといいでしょう。

〈例〉

「私が失恋したときに、『〇〇子は笑ってたほうが素敵なんだから、元気出して、って言ってくれるような優しい彼が絶対見つかるよ。あの人は〇〇子のよさがわかってないんだよ』と言って励ましてくれたのですが、後で話を聞いたら、『笑ってたほうが素敵』というのは、新郎のＡさんが彼女に言った言葉だったようで、なぐさめてくれたと思っていたのに、実はのろけられていたことに後で気づきました。当時から仲がよかったＡさんと一緒になってよかったと思っています」

→自分の失敗談＋相手の笑える一面

ただし、間違っても、相手をおとしめてはいけません。

よくスピーチで、新郎の浮気の話とか、これまで付き合った女性の話をする人がいます。最後に「だけど彼女を選びました」とは言うのですが、新婦の側としては笑えないですよね。最悪の状況だと思います。

仲間内ではおもしろいのかもしれないですが、価値観や立場の違うたくさんの人がいる前です。

それこそ、空気を読むべきです。

ポイント
スピーチでの自分の失敗談は誰もが笑ってくれる

〈スピーチ〉
簡単にいい話がつくれる「とりあえず、エピソード話法」

歓送迎会や仕事の打ち上げで、いきなりスピーチを振られることもありますよね。

たいていは、「9か月にもわたるプロジェクトでしたが、熱心なみなさんのおかげで〜」とか、「○○さんには感謝しています」などという話から始めることが多いですが、それだとやはり通り一遍の話にしかなりません。

こういうときも、「とりあえず、エピソード」です。なんでもいいので、この日の主題に関係することで、自分が一番記憶に残っているエピソードを話してみてください。

「途中で課長がため息をついているのを見て、このプロジェクトは大丈夫なんだろうかと、ひとしれず不安に思うこともありました」

「退職される山田さんは、いつも朝早く来ていて、仕事の成果よりも、なぜ毎日早く起きられるのか、ということを実は疑問に思っていました」


そして最後は、ベタで構いません。

「でも最後は、みなさんの力で成功できたと思います」

「退職されても、ご活躍を祈っております」

気持ちが伝わるスピーチの出来上がりです。


多くの方はたいてい、逆のことをしています。「まとめ」→「エピソード」というパターンだと話が締まりません。**それを、「エピソード」→「まとめ」とするだけで、すぐにいい話になるんです。**

誰にでも簡単にできるコツなので、ぜひ試してみてください。

ポイント
振られても焦らず、まず、エピソードを思い出す

〈司会・進行〉盛り上がったら1回休み。引っ張らないで次へ進む

司会・進行役をしているときに大事なことを1つお話しします。

笑いが出たり話が盛り上がったりしたら絶対に引っ張りません。そこで終わらせます。

『情報ライブ ミヤネ屋』の宮根誠司さんを見ると、コメンテーターの「それは～～で心配ですね」といったコメントを一切受けず、すぐ
「そして、さる5月×日、事件の真相を示す出来事が発覚します」

と、全然違う話題に進みます。

すると、流れがよどまず、テンポよく次へ進めます。

これはテレビだけの話ではありません。

誰かがいいコメントを言ったときに、司会の人が、またその人に質問をしてしまうことってあるじゃないですか。

例えば、社内の宴会で何かのゲームをやることになり、社長と部長が対戦することになったとします。

そのとき、部長が

「いつもは社長にいじめられているので、今日は勝ちます」

と言って、笑いが起きたとします。

そこでへたな司会者は、

「どんな感じでいじめられてるんですか？」

とついつい聞いてしまいます。

これは絶対やってはいけません。なぜなら、それ以上掘っても広がらないからです。

想像してみてください。「どんな感じでいじめられてるんですか？」って聞かれて、うまい返しなんて思いつきますか？　「いえ、ほんとはいじめられておりません」と言うのが関の山です。せっかくボケてウケているものを、つぶしてしまいます。

これを使うなら、その後、社長のところに行って、

司会「社長、社長にいじめられてるとか言っている人がいますが、どうですか？」

それで社長が何か言ったら、今度は部長のところに行って

司会「社長は、ああ言ってますが、どうですか？」

と、聞くのが正解です。

これは、宴会の進行をする人、飲み会の場を盛り上げようと思っている人も同じです。

場を盛り上げたいなら、話を掘り下げるのではなく、回していかなければいけません。

1回盛り上がったら、すぐ次に進みます。

前半でお話ししましたが、場を盛り上げたいなら、みんなが盛り上がっているときこそ、1回休み。その間に、次に何の話題を出すと盛り上がるのかを考えておきましょう。盛り上がっているからといって、調子に乗って入っていくと、せっかくの盛り上がりをつぶしかねません。盛り上がったエネルギーを次につなげられるよう、「一歩先」を考えておき

ましょう。

ドラマでは、シーンをつなげるときは「、」で終わらせます。コントは1回きりで終わるので「。」で終わります。ドラマで、コントのように「。」をつけてしまうと、見ている人の感情が途切れてしまって疲れてしまいます。「期待の不安」というのですが、ちょっと物足りないくらいの余韻を残して次に進むと、見ている人にいい感情をつくれます。

これは、ドラマでなく、場を自分が仕切っているときも同じです。「このネタもっと掘れるのに」と思っても深追いせず、次に展開しましょう。

ポイント
盛り上がっているときは次に備える

〈自己紹介〉相手に見えている自分を上手に使う

合コンなどの軽い場から、異動した先の部署での朝礼など、自己紹介をする場は多いものです。本来なら別に盛り上げる必要はないので、普通に話せばいいのですが、もう一歩自分を印象づけたい人のために、方法を2つ紹介します。

①相手に見える自分を上手に使う

頑張っているのにやる気が見えない人、普通よりも相当年上に見える人、そんな人にお勧めなのがこの方法です。あなたが前に立ったとき、その場にいる人たちは、「なんか老けて見えるけど、本当は何歳だろう」などと軽い疑惑をもっているかもしれません。自己紹介でその気持ちを解消してあげると、結構な確率で盛り上がります。

〈例〉

「老けて見えるかもしれませんが、大卒で入社してまいりました」

「やる気があります！　表情に乏しいので見た目でわからないと思いますが」

また、見た目とのギャップをうたうのも効果的です。

〈例〉

「か細く見えますが、趣味は登山で百名山制覇しました」

「派手に見えるのは顔だけで、趣味は切手集めです」

意外な事実がわかると、しっかり覚えてもらえると思います。

②相手を立てる

自分が上の立場で新しい場所に来た場合、あえて自分を下にして相手を立てることも、その後の仕事をスムーズに進めるうえで大事だと思います。

僕が初めて映画を撮影したとき、スタッフの方はみな、知らない人ばかりでした。そんな環境の中で、まったく未経験の「映画」というものを撮らなくてはいけません。まずは、みんなと仲良くならなければならない。そのときの自己紹介で、どうしたか。

普段はかけない眼鏡をかけて、

「できる人に見せようと思って、ダイエットして伊達眼鏡をかけてきました。まだ見かけだけですが、中味も充実させてまいりますのでよろしくお願いします」

と言いました。きっとスタッフの方も「どんな人が監督になるんだろう」と思われていたのではないかと思いますが、眼鏡などのちょっとした演出がきいて、仕事もしやすくなったように思います。

「なんで、この人はここにいるんだろう？」と思われているのではないかと感じたら、その不安を先取りして伝えてみましょう。自分もほっとし、相手の心も解きほぐし、その後の仕事もスムーズになります。

ポイント

「意外な自分」は相手の記憶に残る

〈人前〉大勢の前で軽い笑いをとる４つの方法

スピーチとは離れますが、大勢の前で話さなければならないときがあると思います。そんなときに軽い笑いがあると流れがスムーズになります。そのコツを紹介しましょう。

①特定の人をいじる

公開収録番組で、司会の芸人さんなんかを見ていると、たまにやっていますね。これは日常でも使える技です。

例えば朝早くからの会議だとすると、寝癖のある人はいないか。化粧が乱れている人はいないか、あくびをしている人はいないかと探します。上司があくびをしていたら、「飲み過ぎですか？」といじってください。

一見ハードルが高く見えますが、実は簡単に笑いがとれる方法です。

②「遠くから来た人！」と手を上げてもらう

パーティや研修など大勢の人がいろいろなところから集まる場合はこれです。

「遠くからいらした人いますか！　どちらからいらしたんですか？　北海道？　まあ、そんな遠いところから、ひょっとして暇ですか？」

よくあるパターンですが、たいてい笑いが出ますね。

③人が「無意識で思っていること」を探す

みんなが思っていることをぼそっとつぶやくのも成功率が高いです。

例えば、朝早くの会議での最初の発言ならぼそっと……

「眠いですね」

とつぶやきましょう。みんな眠いことを共有すれば、不満もなくなります。

ここで、「朝早くて眠い方もいらっしゃるでしょうが、頑張りましょう」などと言ってはいけません。鼓舞するのはまだ早い。本当にくじけそうな空気が出てきてからのほうが効果的です。最初は、気持ちを共有すること。「あるあるネタ」だけでも十分ウケます。

④偉い人を活用する

会社でも結婚式でも交流会でも、人の集まるところには序列が生まれます。その場合は一番存在感のある人を活用しましょう。

例えば結婚式の場で、

「僕も新郎の友人として、お父様にお伝えしたいことがあります。○○は、ガサツなところもありますが、根はいい人なので、どうぞよろしくお願いします」

など、実際にはみんなに対してしゃべるんだけれども、「お父様に」と、あえて言うことで、新婦のお父さんをもち上げます。この言い方なら、お父さんの心情への気配りも感じられますよね。

「新郎のよさが、お父様にもご理解いただけましたでしょうか」

「ああ」

なんてやりとりが起これば、笑いが起こるのは想像できます。

ポイント

「聞いている人」「話す人」の壁を崩すと、意外な笑いが起こる

〈人前〉スベったときほどウケるチャンス

何か言ってスベったときって、バツが悪くて嫌なものですよね。

これが嫌でおもしろいことが言えない、っていう人もいると思います。

でも、スベったときは意外とウケがとりやすいんです。

「あ、今、スベりました」って言えばいいんですから。

みんな、笑ってくれますし、その場で笑ってくれなくても、「この人はこういう人なんだ」って思ってくれますから、その後、笑ってくれる可能性は高くなります。

ここではスベったときのリカバリーフレーズを、いくつか紹介します。

◎ウケなかったら「かわいさアピール」

何か言ってウケなかったときに、

「あ、今、笑いをとろうとしてたんですけどね」

「思ったよりウケなかったことにショックを受けていますけれども」

と言うと、「笑いをとりたかったのにできなかった……」という残念な気持ちが伝わり、かえって笑いがとれたりします。少しかわいさアピールも入ります。

他に、

「あまりに笑いがないので、もう笑いをとろうとしません」

「今後は笑いはなしでいきます」

という言い方もありますが、まじめにとってしまう人もいますので、かわいさアピールのほうが無難かと思います。こちらは、何を言ってもウケないときの、バリエーションの1つとして紹介しておきます。

◎「〇〇は笑ってくれたんですけど……」
「うちの犬は笑ってくれたんですけど」

とか、もう絶対笑ってくれなそうなもの（犬）など、笑ったように見えたのはあなたの幻想でしょうと聞いている人にツッコまれそうなものが、笑ってくれたことにします。

ほかにも、

「地元の△△さんは笑ってくれたんだけど」

「田舎のおばあちゃんは笑ってくれたんだけど」

など、自分の周りの世界に結びつけて、小粒感を出す方法もあります。

◎繰り返して、無理やり笑いに落とし込む
「繰り返す」方法もあります。「重ね」って言ったりします。とっておきのオチが伝わらなかったときに使います。

「伝わらなかったみたいなので、もう1回言います」

それでもウケなかったら、

「もう1回言います。これで最後です」

と繰り返していきます。まあ、最後にはダメ押しで笑ってくれると思います。

これでもダメなら、こういうときこそ、「もう今日は笑いをとるのはやめます」です。「もうウケないから今日はあきらめよう」という感情が伝わるように言うのがポイントです。

また、1回言って受けなかったものを、時間をおいてから、あえてもう一度言うというのもあります。

「あ、なんで言っちゃったんだろう、ウケないってわかってるのに」

聞いている人に「よっぽど、言いたいんだな」と思ってもらえたら、場が和みます。

「最初、ウケなかった」ということも、1つのフリになります。

◎「今、笑うところです」と強制してはいけない

一方、使ってはいけないのは、

「今、笑うところです」

というフレーズです。

講演会などで、よく見かけませんか？　何かおもしろいことを言ってウケなかったときに、「今、笑うところです」とか「今、笑うところだったんですけど」などと言う人。

これ、二重にしらけます。だって、おもしろくないから笑ってないのに、さらに上から目線で言われると、人間、本当に笑えなくなります。たとえ笑いが出たとしても、仕方なく合わせてくれているのだと思います。やっぱり基本は、「自分は下」です。

なお、笑いがとれた後は、さっと次に進んでください。

時々、笑いがとれるとうれしいのか、「やっと笑いが出ました」とか、「こうするとみなさんウケてくれるんですね」と言う人もいますが、余計です。テンポが悪くなります。ウケたら、「。」をつけて、すぐ次に進んでください。

ポイント
スベっても、リカバリーの術はたくさんある

おわりに

２０１４年の春、志村けんさんの事務所で、私は企画の説明をしていました。タイトルは忘れましたが、内容は、志村けんさんが本人役でコントをするという、自分では斬新だと思った自信の企画でした。

説明の途中から不穏な空気が流れはじめました。そして、ひととおり説明が終わった後に志村さんは、「俺、普通だから」と吐かれました。怒りを抑えていることは明確でした。

企画を再考し生まれたのが『となりのシムラ』です。

「普通だから」の言葉をヒントに、志村さんがかつらなしで普通のおじさんの生活をコントにする内容。他の出演者は役者でした。

いつもと違う環境の志村さんはとても楽しそうでした。子どものころからドリフを見ていた世代です。現場で志村さんと仕事をしているのは、夢のようでした。

『となりのシムラ』のコントは、放送作家が書いたものを会議で揉んで作家や私が書き直し、私が志村さんと打ち合わせをして仕上げていました。1回で8本くらい台本を出すのですが、それを志村さんは1時間もかけて、台本のページを行ったり来たりしながらじっくり読まれました。これだけ長いキャリアであれだけコントをつくってきた人が、たった1つのコントにこれだけの熱量を注ぐのかと驚きました。

あるとき、私が映画とドラマであまりに忙しく、書き直さずそのまま台本を出したことがあります。いつも通り1時間かけて読んだ志村さんは、私を見てフッと笑い、無言で裏にした台本を私の前にゆっくりと突き返されました。後にも先にもたった一度だけ手を抜いたのを、志村さんは見抜きました。私は「やり直してきます」と言いました。志村さんは、先ほどとは違う笑顔で私を見つめ、静かに無言で席を立たれました。

会話術の本で最後に何書いてんだと思われますよね。

でも、映画でもドラマでも、本当に深いやりとりは無言のときに交わされます。

志村さんは、ずっとドラマや映画の出演を断り続けていました。それでも朝ドラ『エール』でご出演を依頼すると、「吉田さんなら」と快諾してくれました。あのとき、ダメを出されたコントの説明をくどくどしていたら、私は信頼を失いドラマ出演も受けてくれなかったかもしれません。気のきいた会話ができるようになれば、しゃべらないときにもコミュニケーションがとれるようになります。

一流の人ほどあうんの呼吸が信頼へとつながります。山田洋次監督の映画への出演も決まり、役者の活動も広げようとした矢先、コロナは、志村さんの命を奪うのです。

無念でなりません。

『となりのシムラ』の撮影後は必ず打ち上げがありました。志村さんはお気に入りの焼酎を持ち込みゆっくりと飲まれていました。自分の話はあまりせず、いつも他の役者さんに問いかけられ、その話を楽しそうに聞いていていました。

どんな人にも敬語でした。私にもずっと敬語でした。「仕事で年齢は関係ないから」とおっしゃっていました。

思うのです。時代を築き愛されるのには理由があると。

あれだけ長い間、芸能界で生き抜いた人が、一切偉ぶらず自然体で、人に関心をもち耳を傾ける。志村さんとお話しした時間は、私の人生でもかけがえのない時でした。

豊かで楽しい会話は、人生を変えます。

みなさんにもそんな出会いが訪れること。そんな自分に出会えることを願っています。

2023年6月

吉田照幸

本書は弊社より２０１５年に刊行された単行本『「おもしろい人」の会話の公式』を、新書化にあたり、一部加筆修正および改題を含め再編集したものです。

著者略歴

吉田照幸（よしだ・てるゆき）

1969年、福岡県生まれ、山口県育ち。1993年NHK入局。NHKエンタープライズ番組開発部エグゼクティブ・プロデューサー。『NHKのど自慢』『ふるさと愉快亭〜小朝が参りました』などエンターテインメント系の番組を中心に活躍。広島放送局を経て番組開発部異動後、2004年に『サラリーマンNEO』を企画、以後全シリーズの演出を担当。型破りな番組として人気を博す。2011年には『サラリーマンNEO 劇場版（笑）』の脚本・監督を務める。第35回・36回国際エミー賞コメディ部門ノミネート（日本では唯一）。2013年春からは、異例の〝レンタル移籍〟で、連続テレビ小説『あまちゃん』の演出を担当。近年は『となりのシムラ』『洞窟おじさん』『富士ファミリー』『獄門島』『Home Sweet Tokyo Season1・2（国際放送）』『弟の夫』『マリオ〜AIのゆくえ〜』『悪魔が来りて笛を吹く』『八つ墓村』『犬神家の一族』、2020年連続テレビ小説『エール』、2022年大河ドラマ『鎌倉殿の13人』など、コメディ、ドラマの制作を手がける。2016年には東野圭吾原作『疾風ロンド』映画版の監督・脚本、2017年には映画『探偵はBARにいる 3』の監督を務める。著書に『発想をカタチにする技術』（日本実業出版社）、『折れる力』（SBクリエイティブ）、『その雑談 カチンときます』（青春出版社）などがある。

SB新書　621

気《き》のきいた会話《かいわ》ができる人《ひと》だけが知《し》っていること

2023年6月15日　初版第1刷発行

著　者　吉田照幸《よしだてるゆき》
発行者　小川 淳
発行所　SBクリエイティブ株式会社
〒106-0032　東京都港区六本木2-4-5
電話：03-5549-1201（営業部）
装　丁　杉山健太郎
本文デザイン
DTP　株式会社ローヤル企画
校　正　ペーパーハウス
編　集　小澤由利子（SBクリエイティブ）
印刷・製本　大日本印刷株式会社

本書をお読みになったご意見・ご感想を
下記URL、または左記QRコードよりお寄せください。
https://isbn2.sbcr.jp/21056/

落丁本、乱丁本は小社営業部にてお取り替えいたします。定価はカバーに記載されております。
本書の内容に関するご質問等は、小社学芸書籍編集部まで必ず書面にて
ご連絡いただきますようお願いいたします。

ISBN978-4-8156-2105-6